'한자능력공인인증 3급시험대비'
'중국어 간체자와 함께 익히는 쓰기교본 겸용'

어휘실력한자

임소영 · 최동표 지음

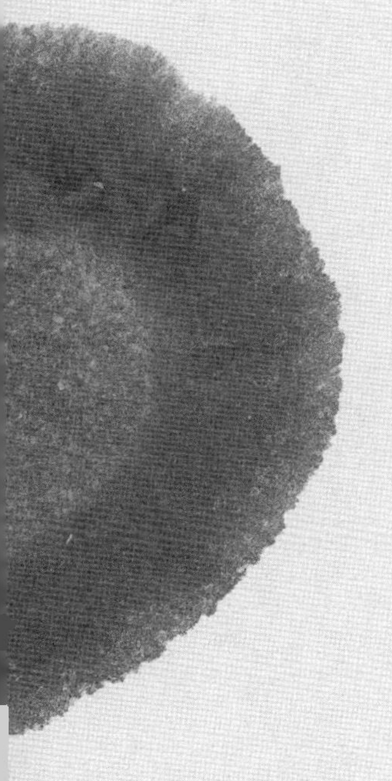

제이앤씨
Publishing Company

어휘실력한자

　요즈음 중국어열풍을 타고 초등학생부터 중국어를 배우는 학생들이 많이 늘어나고 있는 추세이다. 한국과 중국은 같은 한자문화권이므로 한자를 많이 알면 중국어를 배우기 쉽다더라, 혹은 중국어를 잘 하면 한자를 많이 알게 될 것이라는 등의 말들이 나돌지만, 실제로 한자나 중국어를 배우는 학생들은 중국의 간체자와 우리나라 한자와는 차이가 크기 때문에 서로 간에 별 도움이 되지 않는다고 말하기도 한다.

　학생들의 문제는 두 가지이다. 한자 능력을 향상시켜 한자공인인증 자격도 획득하고 싶은 데다, 만약 중국어를 공부하는 학생이라면 간체자에 치중하게 되므로, 국내의 한자(번체자)에 소홀해지는 경향도 있다는 점이다.

　본 교재는 한편으로는 **한자능력공인인증 3급의 기준이 되는 1817자의 기본한자를 쉽고 체계 있게 암기할 수 있도록 하였다.** 1817자를 암기할 수 있는 교재는 시중에 이미 많이 나와 있지만, 대부분 낱글자 위주의 암기에 치중되어, 어휘력 향상에는 물론 단어 위주의 한자인증시험에서도 효과를 극대화하기가 어려운 경우가 더러 눈에 띄므로 이를 최대한 보완하였다. 다른 한편으로는 한자(번체자)를 익히면서, **아울러 간체자도 대비 학습할 수 있게 하였다.** 간체자도 역시 단어로 엮고 한어병음을 제시하여 중국어 어휘력의 향상을 도모하였다. 또한 제시한 한자단어를 이용하여 한국어와 중국어용례를 들어 국어에서의 한자사용과 더불어 중국어 실력향상을 위한 학습자의 이해를 최대한 돕고자 하였다.

　이를 위하여 본 교재는 구성상 아래와 같은 세 가지 측면에서 기타 단순한 한자쓰기 교본과의 차별화를 시도하였다.

　첫째, 1817자의 기본 한자를 단어로 구성하여, 학생들의 어휘력을 향상시키도록 배려하였고, 또 현재 중국에서 사용하는 간체자도 병기하여, 우리나라에서 사용하는 한자와 현재 중국에서 사용하는 간체자의 병행학습을 시도하였다. 이를 위해 '먼저읽기'에 **번체자와 간체자의 변화규칙을 제시하여, 학생들이 스스로 양자의 관계를 이해하고 이를 창의적으로 활용하는 데 도움을 주었다.** 그러므로 본 한자쓰기교본을 따라서 연습하다보면, 리나라에서 사용하는 한자와 중국에서 사용하는 간체자를 함께 암기할 수 있을 것이다.

　　둘째, 필순을 일일이 제시하는 대신, **모든 한자에 일관되는 필순의 원칙을 제시하였으므로, 이 원칙에 따라 창의적으로 써나가도록 하였다.** 더러 독학할 경우에 발생될 수 있는 어느 정도 필순의 개인적 차이는 용인될 수 있는 것이며, 필요하다면 점차 개선될 수도 있기 때문이다. 무엇보다 필순을 일일이 제시하느라 한자를 획마다 분해시켜 놓음으로서, 학습자에게 야기시킬 공포감 또한 만만치 않을 것이기 때문이다.

　　셋째, 낱글자 자체의 의미에는 특별한 경우를 제외하고는 그다지 주의하지 않았다. 우선 한자 자체를 정복하는 것이 목적이지, 한자를 공부하기 위해서 국어의 낱말 뜻 공부까지를 이곳에서 따로 해야 할 필요까지는 없기 때문이다. 예컨대, '영웅英雄'이라는 한자어를 공부한다면, '꽃부리 영'자와 '숫컷 웅'자를 따로 공부하지 말고, '영웅의 영'자와 '영웅의 웅'자를 공부하는 것도 한 방법일 수가 있다. 낱글자의 뜻을 확인하면서 어휘의 구조원칙부터 차근히 익히고 싶은 학생들은 '부록'을 활용하면 될 것이다. 낱글자의 의미를 본문 가운데 따로 제시하는 대신, **본 교재에서는 연상학습 방식을 최대한 활용하였다.** 즉, 관련된 언어환경이 쉽게 연상될 수 있도록 그 의미나 상황에 공통성이나 일관성이 있는 다수의 한자어를 동시에 제시함으로서 낱글자의 뜻에 구애되지 않고도, 생활국어의 한자어 어휘를 마음껏 연상하고, 이해할 수 있게 하였다. 이미 국어 생활을 유능하게 영위하는 성인이나 준성인, 혹은 학생들에게 낱글자의 뜻을 따로 공부하게 함으로서 오히려 집중력을 저하시키지 않기 위한 배려 때문이다.

　　한국어는 70%이상이 한자어로서, 한자를 잘 이해하면 어휘력이나 여러 이해력이 향상된다는 것은 이미 다 아는 사실이다. 부족한 교재이지만 독자여러분께서 본 한자교본을 통하여 전반적인 교양수준을 높일 수 있을 뿐만 아니라, 중국어까지 이해할 수 있는 일거양득의 기회를 얻을 수 있다면 그동안의 수고가 헛되지 않을 것이라 생각하며 여러분의 학습에 건승을 빈다.

2013년 10월 21일
임소영 씀

목 차

어휘실력한자

1

　교육인적자원부 공표 교육용 기초한자(1800자)와 전국한자능력검정시험용 3급 배정한자(1817字)를 2음절의 단어로 구성하여 싣는다. 기존의 한자쓰기책의 경우 대부분 단음절의 한자만을 제시하여 외우게 하고 있으나, 실제 우리 생활이나 급수시험에서는 단음절 한자 보다는 2음절의 한자어나 4자성어가 주로 사용 되고 있다. 본 교재는 3급 이내의 한자들을 조합하여 2음절 단어로 구성하여 어휘력을 높임으로서, 좀 더 효과적으로 기본 한자를 학습할 수 있는 효과를 노리고 있다.

2

　한자어는 2단계로 나누어 제시한다. 제1단계 표제한자어는 400여 단어(800여자)가 큰 글자로 제시되었으며, 제2단계 파생한자어에는 1200여 단어(1000여자)가 비교적 작은 글자로 제시되었다. 이는 교재로 사용될 때를 대비한 구성으로, 표제한자어는 수업용이며, 파생한자어는 과제용이다. 나아가, 쓰기연습과 용례는 기본단어에 대해서만 제시한다.

3

　제시된 모든 한자어에는 한국과 중국에서 공히 사용되는 단어만 들었으므로, 한국어한자음과 중국어발음기호인 한어병음을 모두 밝힌다. 특히 한국어한자음일 경우 장단음을 구분하기 위하여 장음의 한자어에만 장음의 한자 뒤에 장음(:) 부호를 첨가하였다. 단어가 끝나는 제 2음절, 곧 단어의 마지막 자에서는 원래 장단음을 구분하지 않으므로, 장음(:) 부호는 언제나 단어 가운데에만 나타난다. 장단음의 구분은 표준어규정에서 이를 규정하고 있는 만큼 바른 국어생활을 위해서 중요하다. 장단음은 원래 중국어의 성조를 반영한 것이나, 의미변별 기능을 다하기 위해 한국어 자체 내에서 얼마간의 변화가 일어난 것이다. 예컨대, 한국어의 장음은 거의 모두가 중국어의 성조 중 3성과 4성에 속한다. 그러나, 중국어 성조의 3, 4성에 속하는 데도 장음이 되지 않는 것은 대개 한국어 자체의 언어 환경이 이를 조정 변화시킨 것이다. 중국어를 공부하는 학생이라면 중국어의 성조를 참고하되, 일부 한국어의 언어환경 상 조정변화가 일어난 것에 대해서는 평소에 관심을 기울이는 것이 중요하므로, 본 교재의 장음(:) 부호를 활용하면 유용할 것이다. 한자능력인증시험에서도 소량이나마 장단음 구분 능력을 요구하고 있으므로, 이를 통하여 '한자공인인증 3급'을 준비하는 동시에 중국어의 어휘력도 동시에 배양할 수 있게 한다.

④

    표제한자어와 파생한자어는 번체자와 간체자를 대비 소개하며, 특히 표제한자어는 쓰기연습에서 4(번체):4(간체)의 비율로 번체자와 간체자를 함께 연습한다. 다만, 필순은 유려한 서사습관을 위해 나름의 의미가 있으나, 아래 몇가지 유형만 손에 익혀 자연스럽게 적용시키면 되므로, 일일이 필순을 제시하지는 않는다.

먼저쓰기 규정(실선의 획이 먼저 쓰는 획)

① 윗 획부터 쓴다.	二	三	彡
② 왼쪽 획부터 쓴다.	刂	川	巛
③ 삐침과 파임은 삐침부터 쓴다	人	入	乂
④ 대칭형은 가운데 획부터 쓴다.	小	水	山
⑤ 겉 획부터 쓴다.	向	冏	問
⑥ 홑자로도 쓰일 수 있는 받침은 먼저 쓴다.	匙	起	麵

나중쓰기 규정(실선의 획이 나중 쓰는 획)

① 겉획이 폐쇄되면 맨 아래 획은 나중에 쓴다.	回	國	面
② 관통하는 획은 맨 나중에 쓴다.	中	甲	母
③ 서로 관통하면 세로획을 맨 나중에 쓴다.	十	半	事
④ 세로획을 가로막는 획은 맨 나중에 쓴다.	王	主	生
⑤ 오른 위에만 있는 점은 맨 나중에 쓴다.	犬	式	求
⑥ 홑자로 쓰일 수 없는 받침은 나중에 쓴다.	延	建	進

5

간체자와 번체자의 관계

한국이나 일본에서는 정자에 대하여 획수가 간략한 글자를 '약자'라 부르는 데 반하여, 중국에서는 보다 번잡한 획수의 정자를 '번체자'라 부르는 상대적 개념에서, 이를 '간체자', 혹은 '간화자'로 부른다. 간체자는 고대부터 널리 쓰여 왔다. 획이 적은 이체자나 속자는 대개 고대의 간체자이다. 예컨대 《시경詩經》에는 어(於)가 모두 이체자 우(于)로 쓰여 졌으며, 《정자통正字通》에는 분(墳), 청(聽)의 속자로 분(坟), 청(听)이 쓰여 졌는데, 이들은 모두 현대의 간체자에 해당한다. 특히 속자는 일찍이 민간에서 유행하던 간체자이다. 현재에 대륙은 간체자가 해서를 대신하는 새로운 자형으로 인정되고 있다. 해서로 간체자를 만드는 데에는 아래와 같은 기준이 있다.

1) 고대의 본디자를 쓴다 : 기(气), 망(网)은 각각 기(氣)와 망(網)의 본디자이다.
2) 고대의 통용자를 쓴다. : 천(荐)과 양(疡)은 천(薦)과 양(瘍)의 고대이래 통용자이다.
3) 고대의 이체자를 쓴다. : 선(线)과 루(泪)는 선(線), 루(淚)의 고대이래 이체자이다.

중국의 대륙에서는 1950년 이래 한자간화방안규정에 따라 이체자들을 모두 정리한 바 있다. 그러나, 문화교류가 활발해 지면서 한국과 일본 등 범아시아 국가들 사이에 이체자는 여전히 존재한다. 이체자의 유형에는 아래와 같은 것이 있다.

1) 형부가 다른 이체자.
　　묘(猫) — 묘(貓) : 고양이
　　고(糕) — 고(餻) : 떡
　　순(唇) — 순(脣) : 입술

2) 성부가 다른 이체자.
　　통(筒) — 통(篖) : 대통
　　도(搗) — 도(擣): 찧다
　　순(笋) — 순(筍) : 죽순

3) 의미가 근사한 형부로 바뀐 이체자.
　　도(睹) — 도(覩) : 보다
　　경(徑) — 경(逕) : 지름길
　　질(侄) — 질(姪) : 조카

4) 형부와 성부의 위치가 다른 이체자.

략(略) ― 략(畧) : 간략하다

구(够) ― 구(夠) : 많다

군(群) ― 군(羣) : 무리

5) 형성자와 회의자 간의 차이가 있는 이체자.

루(泪) ― 루(淚) : 눈물

암(岩) ― 암(巖) : 바위

간(奸) ― 간(姦) : 간악하다

중국에서는 1955년 12월 22일 문자개혁위원회에서 〈제 1차 이체자 정리표 第一批異體字整理表〉를 공포하여, 1055개의 이체자를 정선하기로 결정하고 810자를 정자에 사용하기로 확정하였다. 예컨대 위에 든 이체자중 앞에 든 자는 남겨 사용하는 자이고 뒤에 든 자는 모두 폐기된 이체자들이다. 즉, 묘(猫), 고(糕), 순(唇)은 사용하는 자, 묘(貓), 고(餻), 순(脣)은 폐기된 이체자이다. 이체자를 폐기하는 작업은 중국 문자개혁의 주요한 부분으로서, 자수를 간소화하여 쉽게 파악하여 사용하게 하는 효과를 얻었다. 이러한 관계를 이해한다면 간체자란 고대 이래 이미 쓰이던 이체자나 초서 등의 획을 해서화하여 이를 인쇄체화한 것임을 알 수 있다. 초서를 해서화한 간체자로는 农(農), 东(東), 乐(樂), 买(買), 专(專)등이 있다.

그 외에도 현대에 새롭게 고안된 간체자에는 아래와 같은 기준이 있다.

1) 해서에서 일부만 뽑아 쓴다. 뽑는 기준은 아래와 같다.
   • 성부를 뽑는다 : 里(裏), 面(麵), 丰(豐), 医(醫)
   • 형부, 혹은 형부의 특징적인 일부분만 뽑는다 : 广(廣), 习(習), 乡(鄕), 虫(蟲)

2) 해서의 일부를 대치한다. 대치하는 기준은 아래와 같다.
   • 편방을 간단한 성부로 바꾼다 : 阶(階), 历(歷), 远(遠), 邮(郵), 钟(鍾)
   • 회의자로 바꾼다 : 尘(塵), 泪(淚), 阴(陰), 阳(陽)
   • 복잡한 부분을 부호로 바꾼다 : 区(區), 办(辦), 汉(漢), 戏(戲)

3) 중국어로 독음이 같은 다른 해서자로 대체한다 : 干(乾), 谷(穀), 后(後), 丑(醜)

4) 전체 형태를 살리되 필획만 줄인다 : 劳(勞), 单(單), 鱼(魚), 冲(沖)

ⓖ

이 교재에 쓰인 양식의 짜임새는 아래와 같다.

본문의 견본을 보이면 아래와 같다.

素 養 소양 sùyǎng	素朴　素朴 소박　sùpǔ 休養　休养 휴양　xiūyǎng 營養　营养 영양　yíngyǎng	素 養 素 養 素 养 素 养 그는 성품이 아주 좋은 데다 소양(素養)도 잘 갖추고 있다. 他 很 有 品德, 也 很 有 素养.

위와 같은 본문에 쓰인 양식의 구성 체계는 아래와 같다

표제어 한국음 중국음 (해설)	파생한자어①　②* 한국음　한어병음 (해설)** 파생한자어①　② 한국음　한어병음 (해설)	번 체 쓰 기 간 체 쓰 기 국어용례. ***중국어용례.

위 양식에서 *표 된 곳의 주의할 점은 아래와 같다.

　* '파생한자어①　②'의 ①은 국내의 번체자이며 ②는 중국의 간체자이다. 간체자에는 '↔'를 가운데 두고, 두 가지 간체자를 들기도 하였는데, 이는 거의 비슷한 뜻이나 문화적 요인 때문에 두 가지가 모두 쓰일 수 있는 예들을 비교해 보인 것이다. 다만, '↔' 뒤에 제시된 예는 한국어에는 쓰이지 않는 용법이므로, 중국어와 무관한 학생들은 무시하면 된다. 이때 번체자①의 아래는 '한국음'을, 간체자②의 아래에는 '한어병음'을 각각 제시하였다.

　** (해설) 난에서는 필요하다면 한자어의 뜻을 해설하였다.

　*** 국어용례와 중국어용례는, 한자를 어휘로 제시하는 데에 머무르지 않고, 실생활 속에서의 사용례를 들어 독자의 실용적 이해를 돕고자 한 것이다.

7

　집필과정에 간체자를 소개해야 하는 등, 부득이한 소수의 한자어에서, '한자공인인증 3급' 수준의 범위를 벗어난 한자가 쓰였으므로 여기 모아놓고, 미리 독자 여러분의 양해를 구하자면, 아래와 같다.

2급한자	마痲(저리다)　　란爛(문드러지다)　주駐(머물다)　보輔(덧방나무)
1급한자	궤潰(무너지다)　유癒(병이 낫다)　　단蛋(알)　　발撥(튕기다)　　식拭(닦다)
무급한자	마媽(어미)　　삼衫(적삼)

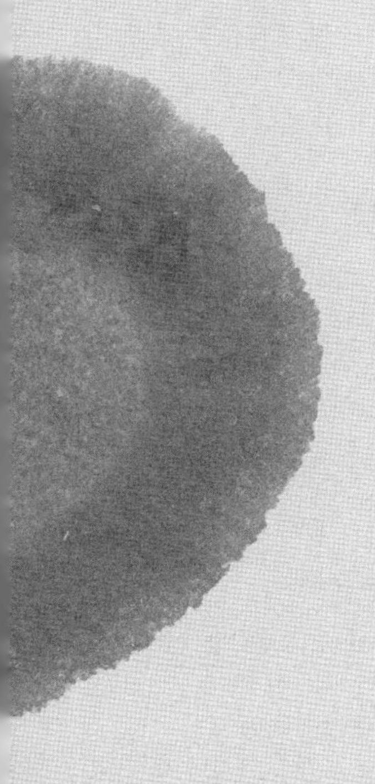

제1과

인체와 성품

肝膽 간:담 gāndǎn	大膽　大胆 대:담　dàdǎn 嘗膽　尝胆 상담　chángdǎn =와신상담臥薪嘗膽	肝 膽 肝 膽 肝 胆 肝 胆

간담(肝膽)은 서로 비춰보이는 것이니, 간(膽)과 담(膽)끼리는 서로가 영향을 미칠 것이다.

肝胆 相照, 肝胆 之 间 会 互相 影响.

個性 개:성 gèxìng	陽性　阳性 양성　yángxìng 野性　野性 야:성　yěxìng	個 性 個 性 个 性 个 性

중후하고 선량한 개성(個性)이라면 네 사업이 성공하는 데 도움 될 것이다.

忠厚 善良 的 个性 帮助 你 事业 成功.

考慮 고:려 kǎolǜ	考試　考试 고:시　kǎoshì 思考　思考 사고　sīkǎo 憂慮　忧虑 우려　yōulǜ	考 慮 考 慮 考 虑 考 虑

이 사람은 너무 고려(考慮)하지 않으셔도 좋습니다.

这 个 人 可以 不用 考虑 太多.

怒氣 노:기 nùqì	傲氣　傲气 오:기　àoqì 浩氣　浩气 호:기　hàoqì =호연지기浩然之氣 煙氣　烟气 연기　yānqì	怒 氣 怒 氣 怒 气 怒 气

남자는 여인의 노기(怒氣)를 어떻게 누그러뜨릴까?

男人 如何 面对 女人 的 怒气?

努力
노력
nǔlì

盡力　尽力
진:력　jìnlì

馬力　马力
마:력　mǎlì
=hp(horse power)

勢力　势力
세:력　shìlì

努力　努力　努力　努力

우리는 죽 노력(努力)하고 있습니다.

我们 一直 在 努力.

糖尿
당뇨
tángniào

壞血　坏血
괴혈　huàixuè

血淚　血泪
혈루　xuèlèi

崩壞　崩潰*
붕괴　bēngkuì

糖尿　糖尿　糖尿　糖尿

당분이 소변에 유입되면 '당뇨(糖尿)' 현상이 일어난다.

糖分 流入 尿液, 产生 "糖尿" 现象.

* 한국어에는 '붕괴崩壞'가 보다 널리 쓰이나, 중국어에는 '붕궤崩潰 bēngkuì'만 쓰인다.

忘却
망:각
wàngquè

勿忘草　勿忘草
물망초　wùwàngcǎo

備忘錄　备忘录
비:망록　bèiwànglù

退却　退却
퇴:각　tuìquè

忘却　忘却　忘却　忘却

잊혀진(忘却) 친구란 아예 이런 친구가 없었던 것이나 같지요.

忘却 了 的 朋友 等于 没有 这 个 朋友.

眉間
미간
méijiān

間或　间或
간:혹　jiànhuò

空間　空间
공간　kōngjiān

上空　上空
상:공　shàngkōng

以上　以上
이:상　yǐshàng

眉間　眉間　眉间　眉间

이 양반은 노기가 미간(眉間)에 서려있다.

这 位 先生 怒气 在 眉间 聚集.

| 美 德
미:덕
měidé | 美麗　美丽
미:려　měilì

不美　不美
불미　bùměi

僞善　伪善
위선　wěishàn | 美 德　美 德　美 德　美 德 |
| | | 이런 미덕(美德)들도 시대에 낙후된 것이다.
这 些 美德 也 落后 于 时代 了. |

| 憤 慨
분:개
fènkǎi | 慨嘆　慨叹
개:탄　kǎitàn
분개하며 탄식하다

詠嘆　咏叹
영:탄　yǒngtàn

憤怒　愤怒
분:노　fènnù | 憤 慨　憤 慨　愤 慨　愤 慨 |
| | | 분개(憤慨)할 때더라도 견디지 못 할 만큼 상심하지는 마라.
当 你 愤慨 时. 请 不 要 伤心 难过. |

| 鮮 血
선혈
xiānxuè | 血液　血液
혈액　xuèyè

貧血　贫血
빈혈　pínxuè

止血　止血
지혈　zhǐxuè | 鮮 血　鮮 血　鮮 血　鮮 血 |
| | | 열사의 선혈(鮮血)을 헛되이 흐르게 할 수는 없습니다.
烈士 的 鲜血 不 能 白 流. |

| 素 養
소양
sùyǎng | 素朴　素朴
소박　sùpǔ

休養　休养
휴양　xiūyǎng

營養　营养
영양　yíngyǎng | 素 養　素 養　素 养　素 养 |
| | | 그는 성품이 아주 좋은 데다 소양(素養)도 잘 갖추고 있다.
他 很 有 品德, 也 很 有 素养. |

		信 心 信 心 信 心 信 心
信 心 신:심 xìnxīn	良心　　良心 양심　　liángxīn 核心　　核心 핵심　　héxīn	
		신념만 있다면 어떤 일이든지 이룰 수 있다. 只 要 有 信心, 任何 事情 都 能 成功。

		身 體 身 體 身 体 身 体
身 體 신체 shēntǐ	體育　　体育 체육　　tǐyù 媒體　　媒体 매체　　méitǐ 具體　　具体 구체　　jùtǐ 모양을 뚜렷이 함	
		헬스는 개인 나름의 신체(身體)상 특징에 근거해야 한다. 健身 要 根据 个人 身体 特点.

		劣 等 劣 等 劣 等 劣 等
劣 等 열등 lièděng	拙劣　　拙劣 졸렬　　zhuōliè 庸劣　　庸劣 용렬　　yōngliè 卑劣　　卑劣 비열　　bēiliè	
		그는 예전에는 단지 열등생일 뿐이었다. 他 以前 只 是 个 劣等生。

		欲 求 欲 求 欲 求 欲 求
欲 求 욕구 yùqiú	求乞　　求乞 구걸　　qiúqǐ 請求　　请求 청구　　qǐngqiú 祈求　　祈求 기구　　qíqiú 求愛　　求爱 구애　　qiú'ài	
		너는 아마도 이런 욕구(欲求)가 너무 유치하다고 느낄 거야. 你 也许 会 觉得 这 个 欲求 很 幼稚.

勇 敢 용·감 yǒnggǎn	志操　志操 지조　zhìcāo 貞操　贞操 정조　zhēncāo 操作　操作 조작　cāozuò	勇 敢　勇 敢　勇 敢　勇 敢

너는 정말 용감(勇敢)한 아이로구나.

你 真 是 个 勇敢 的　孩子.

柔 弱 유약 róuruò	薄弱　薄弱 박약　bóruò 衰弱　衰弱 쇠약　shuāiruò 弱點　弱点 약점　ruòdiǎn 淺薄　浅薄 천·박　qiǎnbó	柔 弱　柔 弱　柔 弱　柔 弱

여인이 유약(柔弱)한 건 천성이야.

女人 的 柔弱 是 天生 的.

忍 耐 인내 rěnnài	耐熱　耐热 내·열　nàirè 열기를 견딤 熱烈　热烈 열렬　rèliè 熱帶　热带 열대　rèdài	忍 耐　忍 耐　忍 耐　忍 耐

개성이 강직한 이들은 곧잘 인내(忍耐)할 줄을 몰라.

个性 刚强 的 人, 往往 不 能 忍耐.

慈 愛 자애 cí'ài	偏愛　偏爱 편애　piān'ài 戀愛　恋爱 연·애　liàn'ài 仁慈　仁慈 인자　réncí	慈 愛　慈 愛　慈 愛　慈 愛

어머니란 본래부터가 자애(慈愛)로운 분들이다.

母亲 向来 是 慈爱 的.

精神 정신 jīngshén	神秘　神秘 신비　shénmì 精裝　精裝 정장　jīngzhuāng 제본시의 고급장정 提供　提供 제공　tígōng	精 神　精 神　精 神　精 神
		한 시대마다에는 한 시대마다의 정신(精神)이 있는 거야. 一 个 时代 有 一 个 时代 的 精神.

朝夕 조석 zhāoxī	朝野　朝野 조야　cháoyě 여당과 야당 夕陽　夕阳 석양　xīyáng	朝 夕　朝 夕　朝 夕　朝 夕
		인생이란 재앙과 행복이 조석(朝夕) 바뀌듯 하는 거란다. 人生 祸福 如 朝夕.

注意 주:의 zhùyì	注入　注入 주:입　zhùrù 흘러들게 하다 隨意　随意 수의　suíyì 내키는 대로 함 意外　意外 의:외　yìwài	注 意　注 意　注 意　注 意
		중년을 넘긴 뒤에는 치아의 건강에 특히 주의(注意)해야 돼. 中年 过 后 要 特别 注意 牙齿 的 保健.

七情 칠정 qīqíng	喜怒哀懼　喜怒哀惧 희:로애구　xǐnù'āijù 愛惡欲　爱恶欲 애:오욕　àiwùyù 喜悅　喜悦 희:열　xǐyuè	七 情　七 情　七 情　七 情
		사람은 초목이 아니어서, 누구나 칠정(七情)을 두루 가진다. 人 非 草木, 七情 人 皆 有 之.

誕生 탄:생 dànshēng	生日　生日 생일　shēngrì 生卒　生卒 생졸　shēngzú 나고 죽음	誕生　誕生　诞生　诞生 예수는 유대왕국의 작은 마을 베들레헴에서 탄생(誕生)하였다. 耶稣 诞生 在 犹太 的 一 座 小 城 伯利恒.
怠慢 태만 dàimàn	緩慢　緩慢 완:만　huǎnmàn 慢性　慢性 만성　mànxìng 오래 끄는 성질	怠慢　怠慢　怠慢　怠慢 방문한 손님에게 태만해선 안된다. 不 要 怠慢 来访 的 客人.
痛症 통:증 tòngzhèng	腰痛　腰痛 요통　yāotòng 肺炎　肺炎 폐:렴　fèiyán 鼻炎　鼻炎 비:염　bíyán	痛症　痛症　痛症　痛症 근래에 의학계에는 아이스크림 두통증(头痛症)이란 게 생겼다. 近年 来 医学界 有 了 冰淇淋 头痛症.
品位 품:위 pǐnwèi	諸位　诸位 제위　zhūwèi 位置　位置 위치　wèizhì 侯爵　侯爵 후작　hóujué 5작중 2위의 귀족	品位　品位　品位　品位 한 사람의 품위(品位)를 단번에 파악하기란 어렵다. 很 难 一 下子 看出 一 个 人 的 品位.

恒 常 항상 héngcháng	五常　五常 오:상　wǔcháng 인의예지신仁義禮智 信의 도리 五倫　五伦 오:륜　wǔlún 의자우공효義慈友恭 孝의 도리	恒 常　恒 常　恒 常　恒 常
		포유동물의 체온은 항상 변하지 않는다. 哺乳 动物 的 体温 是 恒常不变 的.
好 感 호:감 hǎogǎn	靈感　灵感 영감　línggǎn 愛好　爱好 애:호　àihào	好 感　好 感　好 感　好 感
		그는 쉽게 남의 호감(好感)을 산다. 他 容易 给 人 好感.
凶 暴 흉포 xiōngbào	橫暴　横暴 횡포　hèngbào 暴露　暴露 폭로　bàolù 爆發　爆发 폭발　bàofā 暴發　暴发 폭발　bàofā 돌발한다	凶 暴　凶 暴　凶 暴　凶 暴
		그의 성질은 대단히 흉포(凶暴)하다. 他 的 性情 十分 凶暴.
興 趣 흥취 xìngqù	興奮　兴奋 흥분　xīngfèn 奮激　奋激 분격　fènjī 떨쳐 일으킴 振興　振兴 진:흥　zhènxīng 振幅　振幅 진:폭　zhènfú	興 趣　興 趣　兴 趣　兴 趣
		모두들 태극권(太極拳)에 흥미가 있어? 大家 对 太极拳 有 兴趣 吗?

稀少 희소 xīshǎo	少女 소:녀	少女 shàonǚ	稀 少 稀 少 稀 少 稀 少
	姪女 질녀	侄女 zhínǚ	
	淑女 숙녀	淑女 shūnǚ	
	織女 직녀	织女 jīnǚ	세계에서 수자원은 갈수록 희소(稀少)해진다. 世界 水资源 越 来 越 稀少.

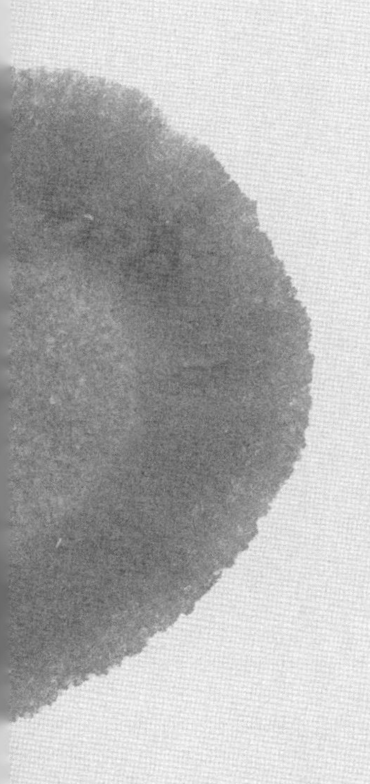

제2과

사회와 교제

可 憐 가ː련 kělián	憐憫　　怜悯 연민　　liánmǐn 불쌍히 여김 同病相憐　同病相怜 동병상련　tóngbìng 　　　　　xiānglián 어려움을 아는 이끼리 도움	可 憐　可 憐　可 怜　可 怜
		남들 불쌍하다(可憐) 그러지 마, 자기가 더 불쌍하구만(可憐). 別 说 别人 可怜, 自己 更 可怜.

角 逐 각축 jiǎozhú=juézhú 각을 세워 다툼	驅逐　　驱逐 구축　　qūzhú 몰아내 퇴치함 逐客　　逐客 축객　　zhúkè 손을 물리침 鹿角　　鹿角 녹각　　lùjiǎo 사슴뿔	角 逐　角 逐　角 逐　角 逐
		아시아 영화 다섯 편이 금곰상을 두고 각축(角逐)한다. 五 部 亚洲电影 角逐 金熊奖.

孤 獨 고독 gūdú	惟獨　　惟独 유독　　wéidú 오로지 獨特　　独特 독특　　dútè 孤寂　　孤寂 고적　　gūjì	孤 獨　孤 獨　孤 独　孤 独
		우리 모두는 고독(孤獨)했던 적이 있다. 我们 都 经历 过 孤独.

顧 問 고문 gùwèn 상관함, 돌봄, 혹은 그런 사람	弔問　　吊问 조ː문　　diàowèn 慰問　　慰问 위문　　wèiwèn 訪問　　访问 방ː문　　fǎngwèn	顧 問　顧 問　顾 问　顾 问
		대다수 이민 고문(顧問)들은 무료 의료시스템을 갖추었다고 캐나다를 소개한다. 很多 移民 顾问 以 具有 免费 医疗 体系 来 介绍 加拿大.

| 恭敬
공경
gōngjìng | 敬畏　敬畏
경:외　jìngwèi
공경심에 어려워함

僅僅　仅仅
근근　jǐnjǐn
겨우 | 恭敬　恭敬　恭敬　恭敬 |
| | | 공경(恭敬)한 만큼 대접을 받을 것이다.
恭敬　才能　得到　同等的　对待. |

| 功勞
공로
gōngláo | 疲勞　疲劳
피로　píláo

勞動　劳动
노동　láodòng | 功勞　功勞　功勞　功勞 |
| | | 좋은 성적이 있었던 건 실은 여러분 모두의 공로(功勞)입니다.
有　好　成绩　其实　是　大家　的　功劳. |

| 共産
공:산
gòngchǎn | 共鳴　共鸣
공:명　gòngmíng
遺產　遗产
유산　yíchǎn
財產　财产
재산　cáichǎn
畜產　畜产
축산　xùchǎn
방목업 | 共產　共產　共产　共产 |
| | | 전세계의 공산(共産) 정권이 거의 모두 도태되었다.
全　世界　的　共产　政权　都　差不多　倒台　了. |

| 誇張
과장
kuāzhāng | 擴張　扩张
확장　kuòzhāng
伸張　伸张
신장　shēnzhāng
緊張　紧张
긴장　jǐnzhāng
縮小　缩小
축소　suōxiǎo | 誇張　誇張　夸张　夸张 |
| | | 짐승들은 가장 아름다운 면을 과장(誇張)해서 드러내 보인다.
它们　把　最美　的　一面　夸张　的　展现　出来. |

| 關 係 | 相關 相关
상관 xiāngguān

玄關 玄关
현관 xuánguān | 關 係 關 係 关 系 关 系 |
| 관계
guānxì | | 좋은 관계(關係)를 수립하기 위해 우리는 더 노력해야 한다.

为 了 建立 良好 的 <u>关系</u>，我们 要 更加 努力. |

| 矯 正 | 訂正 订正
정정 dìngzhèng

正確 正确
정확 zhèngquè | 矯 正 矯 正 矫 正 矫 正 |
| 교정
jiǎozhèng | | 말더듬을 교정(矯正)하는 건 본인의 끊임없는 노력에 따라서만 성공할 것이다.

<u>矫正</u> 口吃 是 靠 本人 不断 地 努力 才 能 成功. |

| 勸 告 | 泣訴 泣诉
읍소 qìsù

訴訟 诉讼
소송 sùsòng

忠告 忠告
충고 zhōnggào | 勸 告 勸 告 劝 告 劝 告 |
| 권:고
quàngào | | 만약 주인이 권고(勸告)를 따랐다면 화재는 발생하지 않았을 거야.

假使 主人 听从 <u>劝告</u>，就 不 会 发生 火灾 了. |

| 權 勢 | 棄權 弃权
기권 qìquán

版權 版权
판권 bǎnquán

姿勢 姿势
자:세 zīshì

得勢 得势
득세 déshì
인기 있음 | 權 勢 權 勢 权 势 权 势 |
| 권세
quánshì | | 수많은 사람들이 일생동안 권세(權勢)를 뒤쫓는다.

许多 人 一生 都 在 追逐 <u>权势</u>. |

勤勉 근면 qínmiǎn	勉勵 면:려	勉励 miǎnlì	勤 勉 勤 勉 勤 勉 勤 勉
	平均 평균	平均 píngjūn	
	衡平 형평	衡平 héngpíng	
	啓蒙 계:몽	启蒙 qǐméng	성실함과 근면(勤勉)함은 네 영원한 반려가 되어야만 한다. 诚实 和 勤勉, 应该 成为 你 永久 的 伴侣.

期 待 기대 qīdài	接待 접대	接待 jiēdài	期 待 期 待 期 待 期 待
	迎接 영접	迎接 yíngjiē	
	隣接 인접	隣接 línjiē	
	優待 우대	优待 yōudài	그야말로 사람들이 가장 기대(期待)하는 인물이다. 他 就 是 最 令 人 期待 的 人物.

欄 干 난간 lángān	若干 약간	若干 ruògān	欄 干 欄 干 栏 杆 栏 杆
	干戈 간과 전쟁	干戈 gāngē	
			여우는 너무 배가 부르도록 먹어 울짱의 난간(欄干) 틈을 빠져나올 수가 없었다. 狐狸 吃 得 太 胖, 而 钻 不 出 栏杆.

奴 隷 노예 núlì	隷屬 예:속	隶属 lìshǔ	奴 隷 奴 隷 奴 隶 奴 隶
	從屬 종속	从属 cóngshǔ	
			남의 노예(奴隷)가 되기를 바라는 이는 아무도 없다. 没有 人 愿意 作 别人 的 奴隶.

團 結	凍結　冻结 동:결　dòngjié	團 結 團 結 团 结 团 结
단결 tuánjié	結婚　结婚 결혼　jiéhūn	
	總結　总结 총:결　zǒngjié	
	結果　结果 결과　jiéguǒ	우리가 한 마음으로 단결(團結)하기만 한다면 큰 성취를 이룰 것이다. 只要 我们 团结 一心, 就 能 取得 巨大 的 成就.

當 選	該當　该当 해당　gāidāng	當 選 當 選 当 选 当 选
당선 dāngxuǎn	選拔　选拔 선:발　xuǎnbá	
	選擇　选择 선:택　xuǎnzé	그는 대표에 당선(當選) 되었다. 他 当选 为 代表.

督 戰	監督　监督 감독　jiāndū	督 戰 督 戰 督 战 督 战
독전 dūzhàn 경기를 독려함	舌戰　舌战 설전　shézhàn	
	戰栗　战栗 전:율　zhànlì	감독이 출장정지 처벌을 받아, 오늘 경기는 관중석에서 경기를 독려할 수 밖에 없다.
	監獄　监狱 감옥　jiānyù	领队 被 罚 停 赛, 今天 的 比赛 只能 在 观众席 上 督战.

莫 甚	甚大　甚大 심:대　shèndà	莫 甚 莫 甚 莫 甚 莫 甚
막심 mòshèn 더 심할수 없음	莫逆　莫逆 막역　mònì	
		사람들이 꺼리는 것이야 죽음보다 더할 것이 없다(莫甚). 使 人 之 所 恶 莫甚 于 死.

名望 명망 míngwàng	希望 希望 희망 xīwàng 仰望 仰望 앙:망 yǎngwàng 慾望 欲望 욕망 yùwàng 貪慾 贪欲 탐욕 tānyù	名望 名望 名望 名望

명망(名望) 있는 한국 의사들이라면 외국에서 장기 체류하며 진료할 수가 없다.

有 名望 的 韩医 不 可能 在 国外 长期 坐诊.

募集 모집 mùjí	召集 召集 소집 zhàojí 集中 集中 집중 jízhōng 胸中 胸中 흉중 xiōngzhōng	募集 募集 募集 募集

전문가그룹에서는 정식으로 고수 플레이어를 모집(募集)한다.

专家团 正式 募集 高手 玩家.

放送 방:송 fàngsòng 방송하다*	押送 押送 압송 yāsòng 放映 放映 방영 fàngyìng	放送 放送 放送 放送

이 채널에서는 매일 여러 가지 영화를 방송(放送)한다.

那 个 频道 每天 放送 各类 电影.

* 중국어에는 '내보내다'('퍼트린다'는 개념 없이 '송출한다')는 뜻이며, '퍼트리다'에는 '廣播 guǎngbō'를 따로 쓰나, 한국어의 '방송하다'는, 중국어의 '내보내다(放送)'와 '퍼트리다(廣播)'의 개념을 포함함.

方向 방향 fāngxiàng	傾向 倾向 경향 qīngxiàng 孔方 孔方 공방 kǒngfāng 엽전 方舟 方舟 방주 fāngzhōu 四方 四方 사:방 sìfāng	方向 方向 方向 方向

그는 가야 할 방향(方向)을 찾을 수가 없었다.

他 找 不 到 该 去 的 方向.

法律	法廷　法庭 법정　fǎtíng	法　律　法　律　法　律　法　律
법률 fǎlǜ	泳法　泳法 영:법　yǒngfǎ	
	違法　违法 위법　wéifǎ	이런 규정은 상관된 법률(法律)의 법규를 위반하지 않는지요?
	憲法　宪法 헌:법　xiànfǎ	这 种 规 定 有 无 违 反 相 关 的 <u>法律</u> 法规?.

複雜	雜誌　杂志 잡지　zázhì	複　雜　複　雜　复　杂　复　杂
복잡 fùzá	頻繁　频繁 빈번　pínfán	
		내가 그를 대하는 감정은 아주 복잡(複雜)해.
		我 对 他 的 感情 很 <u>复杂</u>.

附屬	戚屬　戚属 척속　qīshǔ	附　屬　附　屬　附　属　附　属
부:속 fùshǔ	姻戚　姻戚 인척　yīnqī	
		암벽타기 스포츠는 초기에는 등산기술 아래 부속(附屬)되어 있었다.
		攀岩 运动 早期 <u>附属</u> 於 登山 技术 之 下.

賦與 賦予	贈與　赠与＝赠予 증여　zèngyǔ	賦　與　賦　與　賦　予　賦　予
부:여* fùyǔ	賜與　赐予 사:여　cìyǔ	
		홍색에는 상서로움과 경사스러움의 뜻이 부여(賦與)되어 있다.
		红色 被 <u>赋予</u> 吉祥、喜庆 的 意义.

* 한국어에는 '부여賦與'와 '부여賦予'를 구분하지 않고 쓰나, 중국어에는 '부여賦予'로 쓰임

| 朋 友
붕우
péngyǒu | 友邦　友邦
우방　yǒubāng

男女　男女
남녀　nán ǚ

姦淫　奸淫
간음　jiānyín | 朋 友　朋 友　朋 友　朋 友 |
| | | 어떤 두 친구(朋友)가 사막에서 여행하였다.

有 两 个 朋友 在 沙漠 中 旅行. |

| 師 表
사표
shībiǎo
모범 | 表現　表现
표현　biǎoxiàn

代表　代表
대:표　dàibiǎo | 師 表　師 表　师 表　师 表 |
| | | 그도 남의 사표(師表)가 될 만큼의 책임을 다하려고 한다.

他 也 要 尽 到 为 人 师表 的 责任. |

| 相 逢
상봉
xiāngféng | 宰相　宰相
재:상　zǎixiàng

卿相　卿相
경상　qīngxiàng
재상

樣相　样相
양상　yàngxiàng | 相 逢　相 逢　相 逢　相 逢 |
| | | 바로 이별이 있었기 때문에, 만남(相逢)은 비로소 더더욱 소중히 여겨질 수 있었을 것이다.

正 因为 有 离别, 相逢 才 会 更 加 值 得 珍惜. |

| 署 名
서:명
shǔmíng | 姓名　姓名
성:명　xìngmíng

芳名　芳名
방명　fāngmíng
방명록 등 남 이름 | 署 名　署 名　署 名　署 名 |
| | | 서명(署名)한 사람은 그 일의 성과에 대해 상응하는 책임을 겨야만 한다.

署名 者 应 对 该 项 成 果 承担 相应 的 责任. |

| 先例
선례
xiānlì | 先輩　先辈
선배　xiānbèi
선구자

于先　于先
우선　yúxiān

範例　范例
범:례　fànlì | 先例　先例　先例　先例 |
| | | 그가 선례(先例)를 남겼다.
他 开创 了 一 个 先例. |

| 成功
성공
chénggōng | 贊成　赞成
찬:성　zànchéng

完成　完成
완성　wánchéng

速成　速成
속성　sùchéng | 成功　成功　成功　成功 |
| | | 그야말로 성공할 희망(希望)이 있을 거야.
他 就 会 有 成功 的 希望. |

| 省察
성찰
xǐngchá | 省略　省略
생략　shěnglüè

警察　警察
경찰　jǐngchá

糾察　纠察
규찰　jiūchá

警笛　警笛
경적　jǐngdí | 省察　省察　省察　省察 |
| | | 성찰(省察)을 거치지 않은 인생이란 가치가 없다.
未 经 省察 的 人生 没有 价值. |

| 稅務
세:무
shuìwù | 業務　业务
업무　yèwù

庶務　庶务
서:무　shùwù

租稅　租税
조세　zūshuì | 稅務　稅務　稅務　稅務 |
| | | 캐나다는 서방 국가 가운데 가장 복잡한 세무(稅務) 법률을 지니고 있다.
加拿大 在 西方 国家 中 有 最 夏杂 的 税务 法律. |

需 要 수요 xūyào	重要　重要 중:요　zhòngyào 摘要　摘要 적요　zhāiyào 요점만 따냄	需要 需要 需要 需要 나는 그녀가 어떤 사랑을 요구(需要) 하는지 모른다. 我 不 知道 她 <u>需要</u> 什么样 的 爱情.
叔 父 숙부 shūfu `=叔叔 shūshu	姑母　姑妈* 고모　gūmā 기혼의 고모 姑娘 gūniáng 미혼의 고모 堂叔　堂叔 당숙　tángshū =종숙從叔	叔父 叔父 叔父 叔父 숙부(叔父)에게는 간단한 서재가 한 간 있다. <u>叔父</u> 有 一 间 简单 的 书房.

* '어머니'의 성격을 띤 말로 한국어에는 '모母'만 쓰나, 중국어에는 '마媽', '낭娘'도 널리 쓰임

殉 國 순국 xùnguó	建國　建国 건:국　jiànguó 韓國　韩国 한:국　hánguó 國際　国际 국제　guójì	殉國 殉國 殉国 殉国 (농민반란 때 자금성의 뒷산 경산에서 목매어 자결한 명나라 마지막 황제인) 숭정제를 순국(殉國)했다고 여길 수는 없다. 崇桢 算 不 得 <u>殉国</u>.
襲 擊 습격 xíjī	射擊　射击 사격　shèjī 攻擊　攻击 공:격　gōngjī 因襲　因袭 인습　yīnxí 遊擊　游击 유격　yóujī 게릴라	襲擊 襲擊 袭击 袭击 미국의 세계무역센타 빌딩이 테러 습격(襲擊)을 당했다. 美国 世贸 大厦 遭到 恐怖 <u>袭击</u>.

侍奉 시:봉 shìfèng 모심	侍從 侍从 시:종 shìcóng 白髮 白发 백발 báifa 削髮 削发 삭발 xuēfà	侍奉 侍奉 侍奉 侍奉

그녀는 일을 그만두고, 할머니만 시봉(侍奉)하러 고향에 돌아간다.

她 辞掉 了 工作, 专门 回家 侍奉 婆婆.

兒童 아동 értóng	乳兒 乳儿 유아 rǔér 兒童詩 儿童诗 아동시 értóngshī 童話 童话 동:화 tónghuà 幼稚 幼稚 유치 yòuzhì	兒童 兒童 儿童 儿童

우울한 어머니는 난폭한 아동(兒童)을 길러내기가 쉽다.

忧郁 妈妈 容易 抚养 出 暴力 儿童.

安寧 안녕 ānníng	安定 安定 안정 āndìng 肯定 肯定 긍:정 kěndìng 否定 否定 부:정 fǒudìng	安寧 安寧 安宁 安宁

평민들이 평안(安寧)하고 행복한 나날을 보냈다.

老百姓们 过 上 了 安宁 幸福 的 日子.

嚴禁 엄금 yánjìn	謹嚴 谨严 근:엄 jǐnyán 莊嚴 庄严 장엄 zhuāngyán 軟禁 软禁 연:금 ruǎnjìn 禁忌 禁忌 금기 jìnjì	嚴禁 嚴禁 严禁 严禁

중국은 장차 땅값을 낮추어 외국상사를 초청하던 기풍을 엄금(嚴禁)할 것이다.

中国 将 严禁 低 地价 招商.

偉大 위대 wěidà	大陸　大陆 대:륙　dàlù 肥大　肥大 비:대　féidà	偉　大　偉　大　伟　大　伟　大

중국은 대중적 스승의날 휴가기간을 빌어 위대(偉大)한 공자에 대한 숭배 의지를 보일 것이다.
中国 用 公众 教师节 假期 来 表示 对 <u>伟大</u> 孔子 的 崇敬.

猶豫 유예 yóuyù 미룸	豫感　预感 예:감　yùgǎn 肉感　肉感 육감　ròugǎn 육감적임	猶　豫　猶　豫　犹　豫　犹　豫

그녀는 추호의 망설임(猶豫)도 없이 서명하였다.

她 毫不<u>犹豫</u> 的 签 下 名字.

將軍 장군 jiāngjūn	將帥　将帅 장:수　jiàngshuài 叛軍　叛军 반:군　pànjūn 軍犬　军犬 군견　jūnquǎn 軍隊　军队 군대　jūnduì	將　軍　將　軍　将　军　将　军

한신은 한나라의 대장군(將軍)이다.

韩信 是 汉 大<u>将军</u>.

折斷 절단 zhéduàn	屈折　屈折 굴절　qūzhé 裁斷　裁断 재단　cáiduàn 판정하다 判斷　判断 판단　pànduàn 斷腸　断肠 단:장　duàncháng	折　斷　折　斷　折　断　折　断

어떤 친구는 이쑤시개를 절단(折斷)하면서 길할지 흉할지를 점쳐 본다.

有 人 把 牙签 <u>折断</u> 看看 是 吉 是 凶.

政策	政府 政府 정부 zhèngfǔ	政 策 政 策 政 策 政 策
	策動 策动 책동 cèdòng	
정책 zhèngcè	政治 政治 정치 zhèngzhì	
	治癒 治愈 치유 zhìyù	프랑스에는 여러 가지 학생 우대 정책(政策)이 있다. 法国 有 了 各种 对 学生 的 优惠 政策.

帝王	王妃 王妃 왕비 wángfēi	帝 王 帝 王 帝 王 帝 王
제:왕 dìwáng	皇帝 皇帝 황제 huángdì	여행은 여행다워야 하니, 제왕(帝王)처럼 편안할 수는 없지. 旅行 就 是 旅行, 不 可以 像 帝王 那样 享受.

族長	班長 班长 반장 bānzhǎng	族 長 族 長 族 长 族 长
	長江 长江 장강 chángjiāng	
족장 zúzhǎng	氏族 氏族 씨족 shìzú	
	漢族 汉族 한:족 hànzú	그는 시골지방 어떤 대가족의 족장(族長)이야. 他 是 乡下 地方 一 个 大 家族 的 族长.

坐定	坐正 坐正 좌:정 zuòzhèng 정좌함	坐 定 坐 定 坐 定 坐 定
	旣定 既定 기정 jìdìng	
좌:정 zuòdìng 자리 잡음	昏定晨省 昏定晨省 혼정신성 hūn dìng chén xǐng 아침저녁 문안드림	예의바른 남자라면 여학생이 좌정(坐定)한 다음에 착석해야 하는 거야. 有 礼貌 的 男人 应该 等 女生 坐定 之后, 再 行 入坐.

| 左 遷
좌ː천
zuǒqiān
강등됨 | 左翼 左翼
좌ː익 zuǒyì

右翼 右翼
우ː익 yòuyì | 左 遷 左 遷 左 迁 左 迁 |

그는 부장이 좌천(左遷)되지 않게 하려고 노력한다.

他 努力 让 部长 不 至 於 被 左迁.

| 主 編
주편
zhǔbiān | 主人 主人
주인 zhǔrén

婦人 妇人
부인 fùrén

寡婦 寡妇
과ː부 guǎfù

人士 人士
인사 rénshì | 主 編 主 編 主 编 主 编 |

창간호는 왕선생이 주편(主編) 하였다.

創刊号 由 王 先生 主编.

| 準 備
준ː비
zhǔnbèi | 兼備 兼备
겸비 jiānbèi

具備 具备
구비 jùbèi
갖춤 | 準 備 準 備 准 备 准 备 |

너는 엄청 편안한 신발 한 켤레를 꼭 준비(準備)해야만 된다.

你 一定 要 准备 一 双 非常 舒服 的 鞋子.

| 鎭 壓
진ː압
zhènyā | 壓卷 压卷
압권 yājuàn

壓迫 压迫
압박 yāpò | 鎭 壓 鎭 壓 镇 压 镇 压 |

소란이 지속되자, 프랑스 당국은 군대를 파견해 진압(鎭壓)할 방안을 고려하였다.

由於 騷乱 持续, 法国 当局 考虑 派 军队 镇压.

懲 戒 징계 chéngjiè	戒律 계:율	戒律 jièlǜ	懲戒 懲戒 懲戒 懲戒
	旋律 선율	旋律 xuánlǜ	
			이건 징계(懲戒)야, 나 자신이 저지른 모든 잘못을 징계(懲戒)한 거지. 这 是 个 懲戒, 懲戒 我 自己 所 犯 下 的 过错.

責 任 책임 zérèn	委任 위임	委任 wěirèn	責任 責任 責任 責任
	赴任 부:임	赴任 fùrèn	
	任意 임:의	任意 rènyì	이 일이 잘못되면 네가 책임(責任)을 져야만 돼. 这 事 搞 不 好, 你 要 负 责任.

招 聘 초빙 zhāopìn	授受 수수	授受 shòushòu	招聘 招聘 招聘 招聘
	享受 향:수	享受 xiǎngshòu	
			대학에서는 주임과 대학장, 교수를 공개로 초빙(招聘)한다. 大学 公开 招聘 主任、院长 和 教授.

稱 讚 칭찬 chēngzàn	讚揚 찬:양	赞扬 zànyáng	稱讚 稱讚 称赞 称赞
	詐稱 사칭	诈称 zhàchēng	
	欺罔 기망 기만함	欺罔 qīwǎng	그녀가 한 말은 명백히 욕하는 말인데도, 오히려 듣기에는 극구 칭찬(稱讚)하는 것 같다. 她 说 的 明明 是 骂人 的 话, 却 听 起来 像 满口 称赞.

어휘실력한자

| 妥協
타:협
tuǒxié | 協贊　协赞
협찬　xiézàn

成績　成绩
성적　chéngjī | 妥協　妥協　妥協　妥協 |

너는 포용과 타협(妥協)을 좀 배워야 돼.

你 要 学 一点 包容 与 妥协.

| 投票
투표
tóupiào | 投稿　投稿
투고　tóugǎo

郵票　邮票
우표　yóupiào

票決　票决
표결　piàojué | 投票　投票　投票　投票 |

투표(投票)소마다 경찰이 질서를 유지하고 있다.

每 个 投票站 都 有 警察 在 维持 秩序.

| 避難
피:난
bìnàn | 避暑　避暑
피:서　bìshǔ

困難　困难
곤:란　kùnnán

患難　患难
환:난　huànnàn

逃避　逃避
도피　táobì | 避難　避難　避难　避难 |

미리 피난(避難) 용품함을 준비해 놓으시오.

请 预先 准备 好 避难袋.

| 賀禮
하:례
hèlǐ
축하예물* | 祝賀　祝贺
축하　zhùhè

慶賀　庆贺
경:하　qìnghè

巡禮　巡礼
순례　xúnlǐ

冠禮　冠礼
관례　guānlǐ
성인식 | 賀禮　賀禮　賀礼　賀礼 |

그날엔 절친한 친구라도 하례(賀禮)를 보내며 장수를 빌어야 한다.

那 天 老朋友 也 要 送 贺礼 祝寿.

* 한국어에서는 혹은 '예식'을 가리키기도 하므로, '하례(賀禮)에 참석한다'고도 말함.

革命 혁명 gémìng	改革 개혁	改革 gǎigé	革 命 革 命 革 命 革 命
	皮革 피혁	皮革 pígé	
	亡命 망명	亡命 wángmìng	
	使命 사:명	使命 shǐmìng	명나라 때 나침반을 유럽에 가져오면서, 비로소 항해의 혁명(革命)이 일어났다. 明朝 将 罗盘 带 到 了 欧洲, 才 有 了 航海 革命.

兄弟 형제 xiōngdì*	姊妹 자매	姊妹** zǐmèi	兄 弟 兄 弟 兄 弟 兄 弟
	妹夫 매부	妹夫 mèifū	
	妻妾 처첩	妻妾 qīqiè	
	同胞 동포	同胞 tóngbāo	상하이에 거주하는 외지인들은 아마도 모두가 농민 형제(兄弟)요 자매들일 것이다. 上海 的 外地人 可能 都 是 农民 兄弟 姐妹.

* 중국어에는 '아우'도 가리키나, 이때는 'xiōngdi'라고 2음절을 경성으로 말함.
** 중국어에는 가족을 '저매姐妹 jiěmèi'라고도 하나, '자매결연' 등 사회 개념에는 여전히 '자매'도 씀.

| 和睦
화목
hémù | 父親
부친 | 父亲
fùqīn | 和 睦 和 睦 和 睦 和 睦 |
| | 母親
모:친 | 母亲
mǔqīn | 가정의 화목(和睦)은 아동의 성장에 지극히 중요하다.
家庭和睦对于儿童的成长至关重要. |

| 歡迎
환:영
huānyíng | 貴賓
귀:빈 | 貴宾
guìbīn | 歡 迎 歡 迎 欢 迎 欢 迎 |
| | 聽衆
청:중 | 听众
tīngzhòng | 네가 늘 내 집에 와서 놀아도 환영(歡迎)해.
欢迎 你 常 来 我 家 玩儿. |

會 議 회:의 huìyì	討議　討议 토의　tǎoyì 宴會　宴会 연:회　yànhuì	會 議 會 議 会 议 会 议

회의(會議)에서 작업의 성적과 경험을 총체적으로 결말지었다.

会议 全面 总结 了 工作 的 成绩 和 经验.

厚 顔 후:안 hòuyán	寬厚　宽厚 관후　kuānhòu 넓고 두텁다 顔面　颜面 안면　yánmiàn 얼굴, 체면	厚 顔 厚 顔 厚 颜 厚 颜

그의 후안(厚顔)무치함이란 단연 특급이라 하겠지.

其 厚颜无耻 的 程度 堪 称 一流.

訓 示 훈:시 xùnshì	示威　示威 시:위　shìwēi 暗示　暗示 암:시　ànshì 黙示　默示 묵시　mòshì	訓 示 訓 示 训 示 训 示

일체의 모든 일을 경전의 훈시(訓示)에 비추어 행해야 한다.

一切 都 要 按照 经典 的 训示 去 做.

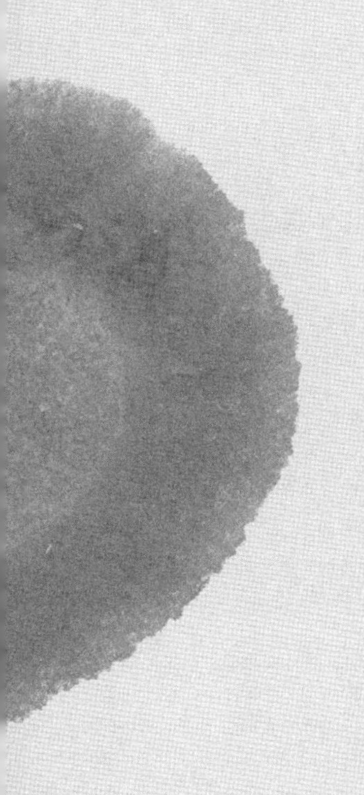

제3과

문화와 오락

歌 唱 가창 gēchàng 노래	歌詞 歌词 가사 gēcí 牧歌 牧歌 목가 mùgē 致詞 致词 치:사 zhìcí 歌曲 歌曲 가곡 gēqǔ	歌 唱 歌 唱 歌 唱 歌 唱
		누군들 나비의 노래(歌唱)를 들을 수가 있으랴. 谁 能 听 得 见 蝴 蝶 的 歌唱.

脚 光 각광 jiǎoguāng foot light	燭光 烛光 촉광 zhúguāng 와트(W) 光榮 光荣 광영 guāngróng 榮譽 荣誉 영예 róngyù	脚 光 脚 光 脚 光 脚 光
		각광(脚光)은 보통 특정한 환경이나 분위기로 만들고 물들이는 데 쓰인다. 脚光 一般 用 来 制造 和 渲染 特定 的 环境 和 气氛.

鑑 賞 감상 jiànshǎng	龜鑑 龟鉴 귀감 guījiàn 刑罰 刑罚 형벌 xíngfá 罪囚 罪囚 죄:수 zuìqiú	鑑 賞 鑑 賞 鉴 賞 鉴 賞
		우리는 표현하고 감상(鑑賞)하는 능력을 길러야 해. 我们 要 培养 表现 与 鉴赏 的 能力.

剛 健 강건 gāngjiàn 남성적임	健康 健康 건:강 jiànkāng 強健 强健 강건 qiángjiàn 金剛 金刚 금강 jīngāng 가장 단단함 金字塔 金字塔 금자탑 jīnzìtǎ 피라밋	剛 健 剛 健 剛 健 剛 健
		그녀는 바이올린을 켜면 굉장히 남성적(剛健)이야. 她 拉 起 琴 来 刚健 得 很.

謙 虛
겸허
qiānxū

許諾	许诺
허락	xǔnuò
紀念	纪念
기념	jìniàn
邪念	邪念
사념	xiéniàn
잡된 상념	

겸허(謙虛)한 사람은 반드시 이익을 얻을 수가 있어.

谦虚 的 人，一定 能够 得到 利益．

更 新
경신*
gēngxīn
새롭게함, 고침

新郎	新郎
신랑	xīnláng
最新	最新
최:신	zuìxīn

만약 고쳐서(更新) 개조한다는 원칙을 어긴다면, 장차 보증금을 반환하지 않는다.

如 违反 更新 改造 原则，抵押金 将 不予 返还．

* 한국어에서 '갱신更新'한다는 말은 '재차 새롭게 한다'는 뜻이니, 해마다 기록을 갈아치우는 상황이라면 '기록을 갱신한다'고도 말함.

輕 快
경쾌
qīngkuài

輕擧妄動	轻举妄动
경거망:동	qīng jǔ wàng dòng
感動	感动
감:동	gǎndòng
震動	震动
진:동	zhèndòng

느낌이 좀 경쾌(輕快)한 분위기의 노래를 불러 주세요.

请 你 唱 感觉 上 比较 有 轻快 气氛 的 歌．

階 級
계급
jiējí

階層	阶层
계층	jiēcéng
抵抗	抵抗
저:항	dǐkàng
抗拒	抗拒
항:거	kàngjù

중산 계급(階級)의 생활방식이 한창 일종의 유행이 되고 있다.

中产 阶级 的 生活 方式 正 成为 一 种 时尚．

| 繼續
계:속
jìxù | 承繼　承继
승계　chéngjì
상속하다

模倣　模仿
모방　mófǎng | 繼 續 繼 續 继 续 继 续 |
| | | |

그들이 이후로 계속(繼續) 배우려고 노력해주기를 바란다.

希望 他们 往 後 继续 努力 求 学.

| 克復
극복
kèfù | 復舊　复旧
복구　fùjiù

復活　复活
부:활　fùhuó

舊習　旧习
구:습　jiùxí
낡은 버릇

習慣　习惯
습관　xíguàn | 克 復 克 復 克 复 克 复 |
| | | |

불리한 지형조건을 극부(克復)할 방도가 없다.

没 办法 克复 不利 的 地形 条件.

| 旗號
기호
qíhào
깃발 신호 | 符號　符号
부:호　fúhào

番號　番号
번호　fānhào*

肩章　肩章
견장　jiānzhāng
어깨의 계급표장 | 旗 號 旗 號 旗 号 旗 号 |
| | | |

사격장에서는 기신호(旗號)로 경기를 제어한다.

射场 用 旗号 控制 比赛.

* 중국어에 '番號 fānhào'는 부대표시 같이 특수한 '고유번호'를 가리킴.

| 奈何
내:하
nàihé
어찌 함 | 誰何　谁何
수하　shuíhé
수하함(군대용어)

幾何　几何
기하　jǐhé
얼마, 혹은 기하학 | 奈 何 奈 何 奈 何 奈 何 |
| | | |

나는 어찌 할(奈何) 수가 없다 싶었다.

我 觉得 无可奈何 .

對 話 대:화 duìhuà	對酌　对酌 대작　duìzhuó 敵對　敌对 적대　díduì 대치하다 電話　电话 전:화　diànhuà	對 話 對 話 对 话 对 话
		어떤 상황에서 이러한 대화(對話)가 발생할 수 있는가? 什麼 情况 下 会 发生 此 <u>对话</u>?

燈 臺 등대* dēngtái	舞臺　舞台 무:대　wǔtái 鼓舞　鼓舞 고무　gǔwǔ 북돋움 紅燈　红灯 홍등　hóngdēng 朱紅　朱红 주홍　zhūhóng	燈 臺 燈 臺 灯 台 灯 台
		한길 여덟 자 높은 등대(燈臺)는 멀리는 비춰도 가까이는 못 비춘다.(등잔 밑이 어둡다) 丈八 <u>灯台</u> 照 远 不 照 近.

* 중국어에는 '등대' 이전에 '촛대'를 가리키는 말임.

漫 畫 만:화 mànhuà	浪漫　浪漫 낭:만　làngmàn 畫室　画室 화:실　huàshì	漫 畫 漫 畫 漫 画 漫 画
		만화(漫畫)를 좋아하는 친구들은 기회를 놓치지 마세요! 喜欢 <u>漫画</u> 的 朋友 一定 不要 错过 了!

某 種 모:종 mǒuzhǒng 어떤	減種　灭种 멸종　mièzhǒng 種馬　种马 종:마　zhǒngmǎ 播種　播种 파종　bōzhòng	某 種 某 種 某 种 某 种
		어떤(某種) 의미에서는 옳다. 在 <u>某种</u> 意义 上 对.

未 遂	施行　施行 시:행　shīxíng 旅行　旅行 여행　lǚxíng 飛行　飞行 비행　fēixíng	未 遂　未 遂　未 遂　未 遂
미:수 wèisuì		너는, 상습적인 바람피기 미수(未遂)범에게 죄가 있다 그럴 거야 없다 그럴 거야? 你 说 风流 未遂 惯犯 有 没有 罪.

伴 奏	吹奏　吹奏 취:주　chuīzòu 演奏　演奏 연:주　yǎnzòu	伴 奏　伴 奏　伴 奏　伴 奏
반주 bànzòu		경극에 쓰이는 주요한 반주(伴奏) 악기가 호금이다. 京剧 所用 的 主要 伴奏 乐器 是 胡琴.

飜 譯	印刷　印刷 인쇄　yìnshuā 尋訪　寻访 심방　xúnfǎng 탐방하다 尋常　寻常 심상　xúncháng 예사롭다	飜 譯　飜 譯　翻 译　翻 译
번역 fānyì		'금지'라는 말은 영어로 'Don't'라고 번역(翻译)되지만, 좀 딱딱하다. "禁止"翻译 成 英语 就 是"Don't". 但是 比较 生硬.

補 充	候補　候补 후보　hòubǔ 補佐　辅佐* 보:좌　fǔzuǒ	補 充　補 充　补 充　补 充
보:충 bǔchōng		늘 밤을 꼬박 새우는 올빼미족은 적당량 비타민C를 보충(補充)해야 한다. 经常 熬夜 的 夜猫族 要 适量 补充 维他命C.

*중국어는 '보輔'를 쓰고 있어, 한국어의 '보補'와는 서로 다른 자를 쓴 것임.

象徵 상:징 xiàngzhēng	象牙　象牙 상아　xiàngyá 徵候　徵候 징후　zhēnghòu 萬象　万象 만:상　wànxiàng 億兆　亿兆 억조　yìzhào 수없이 많음	象徵　象徵　象徵　象徵

99송이의 장미는 영원을 상징(象徵)한다.

99(久久)朵 玫瑰 象徵 天长地久.

細密 세:밀 xìmì	詳細　詳細 상세　xiángxì 秘密　秘密 비:밀　mìmì 隱密　隐密 은밀　yǐnmì 隱蔽　隐蔽 은폐　yǐnbì	細密　細密　细密　细密

이런 천은 얼마나 세밀(細密)한지 봐.

你 看 这 种 布 多 细密.

笑劇 소:극 xiàojù 우스운 극	戲劇　戏剧 희:극　xìjù 戲弄　戏弄 희:롱　xìnòng 慘劇　惨剧 참극　cǎnjù 참변 冷笑　冷笑 냉:소　lěngxiào	笑劇　笑劇　笑剧　笑剧

이건 젊은 아가씨와 젊은 총각이 벌이는 그렇고 그런 소극(笑劇)이다.

这 是 那 种 傻丫头 和 俊小子 的 搞 笑劇.

俗語 속어 súyǔ 속담	風俗　风俗 풍속　fēngsú 谷風　谷风 곡풍　gǔfēng 朔風　朔风 삭풍　shuòfēng 북풍, 찬바람 狂風　狂风 광풍　kuángfēng	俗語　俗語　俗语　俗语

속어(俗語)로, "여인 되기도 어렵네만, 남자 되기는 더 어렵네" 했다.

俗语 说, "做 女人 难, 做 男人 更 难".

收 拾 수습 shōushí	沒收 몰수	没收 mòshōu	收 拾 收 拾 收 拾 收 拾
	沈沒 침몰	沉没 chénmò	
	收納 수납 거둠*	收纳 shōunà	그녀는 허리를 굽히더니 종이부스러기들을 수습(收拾)하였다. 她 弯 腰 下去 收拾 一 些 纸屑.

* 한국어에는 '(세금을) 거둔다'는 뜻은 '수납(收納)'이며, '(의연금을) 받는다'는 뜻은 '수납(受納)'이나, 중국어에는 '구체의 물품을 받거나 거둔다'는 뜻의 '收納 shōunà'만 쓰임.

審 查 심사 shěnchá 검열함	調查 조사	调查 diàochá	審 查 審 查 审 查 审 查
	檢查 검:사	检查 jiǎnchá	
	搜索 수색	搜索 sōusuǒ	이 책은 교육부에서 심사(審查)하여 합격시켰다. 本 书 由 教育部 审查 合格.

藝 術 예:술 yìshù	技術 기:술	技术 jìshù	藝 術 藝 術 艺 术 艺 术
	機械 기계	机械 jīxiè	
	契機 계:기	契机 qìjī	차는 일종의 생활 속의 예술(藝術)이다. 茶 是 一 种 生活 艺术.

娛 樂 오락 yúlè	絃樂 현악	弦乐 xián	娛 樂 娛 樂 娛 乐 娛 乐
	器樂 기악	器乐 qìyuè	
	聲樂 성악	声乐 shēngyuè	여기에는 그 외에도 적잖이 오락(娛樂) 시설이 있다. 这儿 还 有 不少 的 娱乐 设施.

五福

오:복
wǔfú

五臟　五脏
오:장　wǔzàng
심폐비간신心肺脾肝腎의 5장기

幸福　幸福
행:복　xìngfú

洪福　洪福
홍복　hóngfú

五福 五福 五福 五福

오복(五福) 가운데 첫째 복이 '장수'이다.

五福 第一福 是 长寿.

擁護

옹:호
yōnghù
지지함

辯護　辩护
변:호　biànhù

抱擁　拥抱*
포:옹　yōngbào

護身　护身
호:신　hùshēn

擁護 擁護 拥护 拥护

그녀는 지지(擁護)자 한 명에게서 편지를 받았다.

她 收到 一 位 拥护者 的 来信.

* 한국어와 어순이 다르다. 중국어는 '抱'를 뒤에 두며, '抱抱 bàobào'만으로도 말할 수 있음.

用途

용:도
yòngtú

借用　借用
차:용　jièyòng

費用　费用
비:용　fèiyòng

用途 用途 用途 用途

한 세트 설비에 다양한 용도(用途)가 있다.

一 套 设备 多 种 用途.

愚鈍

우둔
yúdùn

矛盾　矛盾
모순　máodùn

拂拭*　拂拭
불식　fúshì
털고 닦아냄

愚鈍 愚鈍 愚钝 愚钝

왜 사람들에게는 총명하거나 우둔(愚鈍)한 차이가 있을까?

为什麽 人 会 有 聪明、愚钝 的 不同?

* 한국어는 '지불支拂'한다고도 쓰나, 중국어에는 '지부支付 zhīfù'라고 말함.

尤甚
우심
yóushèn
더욱 심함

尤 甚	尤 甚	尤 甚	尤 甚

所有　　所有
소:유　suǒyǒu

所謂　　所谓
소:위　suǒwèi

云謂　　云谓
운위　yúnwèi
말함, 일컬음

마약을 파는 것은 죄가 사람을 죽이는 것보다 우심(尤甚)하다.

販毒 的 罪 比 杀人 的 尤甚.

韻致
운:치
yùnzhì

韻 致	韻 致	韵 致	韵 致

森林　　森林
삼림　sēnlín

松林　　松林
송림　sōnglín
솔숲

수선화에는 또 다른 아담한 운치(韻致)가 있다.

水仙 另 有 一种 淡雅 的 韵致.

銀行
은행
yínháng

銀 行	銀 行	銀 行	銀 行

雁行　　雁行
안:항　yànháng
기러기행렬

竝行　　并行
병:행　bìngxíng

徐徐　　徐徐
서:서　xúxú
서서히

북한은 마카오의 은행(銀行)을 이용하여 불법으로 검은 돈을 세탁하였다.

北韩 利用 澳门 的 銀行 非法 洗 黑钱.

醫院
의원
yīyuàn
병원

醫 院	醫 院	医 院	医 院

醫師　　医师↔医生
의사　yīshī↔yīshēng

獸醫　　兽医
수의　shòuyī

寺院　　寺院
사원　sìyuàn

의원(醫院)에는 병상 450개를 설치하였다.

医院 设 床位 450张.

| 祭典
제:전
jìdiǎn
축제 | 祭壇　祭坛
제:단　jìtán

典禮　典礼
전:례　diǎnlǐ
의식 | 祭　典　祭　典　祭　典　祭　典 |

우리 학교에서는 여러 가지 개교기념 축제(祭典) 행사를 거행한다.

我们 学校 举行 各种 校庆 <u>祭典</u> 活动.

| 宗教
종교
zōngjiào | 宗廟　宗庙
종묘　zōngmiào

佛教　佛教
불교　fójiào

敎育　教育
교:육　jiàoyù | 宗　教　宗　教　宗　教　宗　教 |

종교(宗教)는 보통의 영혼들에게 모두가 저마다의 '갈 곳'이 있음을 인정한다.

<u>宗教</u> 认定 一般 的 灵魂 都 有 其"去处".

| 智慧
지혜
zhìhuì | 寶貝　宝贝
보:배　bǎobèi

珠玉　珠玉
주옥　zhūyù

吉祥　吉祥
길상　jíxiáng
좋을 조짐 | 智　慧　智　慧　智　慧　智　慧 |

조금의 지혜(智慧)만 있기만 하면, 너는 돈을 벌수가 있어.

只要 有 一点点 <u>智慧</u>, 你 就 能 赚钱 了.

| 珍味
진미
zhēnwèi | 香味　香味
향미　xiāngwèi
맛이 향기로움

吟味　吟味
음미　yínwèi
맛을 새겨 봄

甘味　甘味
감미　gānwèi
맛이 달콤함 | 珍　味　珍　味　珍　味　珍　味 |

그는 호텔에 머물며, 먹었다 하면 산해진미(珍味)인데, 사람을 만나도 말수가 없어요.

他 住 宾馆, 吃 就 吃 山海<u>珍味</u>, 见 人 却 少 讲话.

參觀
참관
cānguān

悲觀　悲观
비관　bēiguān

樂觀　乐观
낙관　lèguān

參禪　参禅
참선　cānchán

서울에 도착한 다음 1394년에 세워진 경복궁을 참관(參觀)하였다.

到 首尔 後, <u>参观</u> 建 於 1394年 的 景福宫 .

暢達
창:달
chàngdá
막힘없다

到達　到达*
도:달　dàodá
다다름

達成　达成
달성　dáchéng
목표를 이룸

공통된 기초가 있다면 문화교류는 창달(暢達)하기가 쉽다.

有 共同 基础, 文化 交流 容易 <u>畅达</u> .

* 한국어에는 '추상의 수준이나 상황'에 닿음을 가리키나, 중국어에는 '구체의 지점'에 닿음을 가리킴.

衝突
충돌
chōngtū

突破　突破
돌파　tūpò

唐突　唐突
당:돌　tángtū

打破　打破
타:파　dǎpò

破壞　破坏
파:괴　pòhuài

한 부부가 혼인을 맺으면. 충돌(衝突)은 하기 마련이다.

一 对 夫妻 结 了 婚, 就 有 了 <u>冲突</u> .

側面
측면
cèmiàn

裏面　里面
이:면　lǐmiàn

表面　表面
표면　biǎomiàn

측면(側面)에서 그의 마음을 위로할 수밖에는 없어.

只 能 从 <u>侧面</u> 去 安慰 他 的 心 .

恥 辱			恥 辱　恥 辱　耻 辱　耻 辱
치욕 chǐrǔ	侮辱　侮辱 모욕　wǔrǔ 慙愧　惭愧 참괴　cǎnkuì 부끄러움 廉恥　廉耻 염치　liánchǐ		

죽어서도 부유했다면 또 한 가지 치욕(恥辱)스런 일이다.

死 而 富 有 是 一 种 <u>耻辱</u>.

吐 露			吐 露　吐 露　吐 露　吐 露
토:로 tǔlù	縱橫　纵横 종횡　zònghéng 종횡함 亂暴　乱暴 난:폭　luànbào		

남자에게도 토로(吐露)하고 싶지 않은 비밀이 있다.

男子 也 有 不 愿 <u>吐露</u> 的 秘密.

把 持			把 持　把 持　把 持　把 持
파지 bǎchí 움켜쥠, 독점함	維持　维持 유지　wéichí 支持　支持 지지　zhīchí		

그 편집인은 특히 독단적(把持)이어서, 기자에게 한 마디도 못 하게 한다.

那 个 编辑 特别 <u>把持</u>, 不 让 记者 说 一 句 话.

八 音			八 音　八 音　八 音　八 音
팔음 bāyīn 아악의 8 악기	八旬　八旬 팔순　bāxún 8×10=80 錄音　录音 녹음　lùyīn 防音　防音 방음　fángyīn 堤防　堤防 제방　dīfáng		

8악기(八音): 종鍾, 경磬, 현絃, 관管, 생笙, 훈壎, 고鼓, 축어祝敔.

<u>八音</u>: 金, 石, 丝, 竹, 匏, 土, 革, 木.

弊端 폐:단 bìduān 폐해의 근원	尖端　尖端 첨단　jiānduān 兩端　两端 양:단　liǎngduān	弊端　弊端　弊端　弊端

우리는 구질서 속의 폐단(弊端)이 재현되지 않도록 해야 한다.

我们 要 防止 旧 秩序 弊端 再现.

閉幕 폐:막 bìmù	序幕　序幕 서:막　xùmù 秩序　秩序 질서　zhìxù 幕間　幕间 막간　mùjiān	閉幕　閉幕　闭幕　闭幕

오늘저녁에는 모든 회의의 폐막(閉幕)식이 있습니다.

今天 晚上 是 整个 盛会 的 闭幕礼.

廢紙 폐:지 fèizhǐ	廢業　废业 폐업　fèiyè 荒廢　荒废 황폐　huāngfèi	廢紙　廢紙　废纸　废纸

나는 남의 회사는 폐지(廢紙)를 어떻게 줄이는지 배우고 싶다.

我 想 学习 人家 的 公司 怎么样 减少 废纸.

懸垂 현수 xuánchuí 드리움	垂直　垂直 수직　chuízhí 懸賞　悬赏 현상　xuánshǎng 상을 내검	懸垂　懸垂　悬垂　悬垂

비단옷은 쳐져서(懸垂) 변형되지 않도록, 될 수 있으면 걸어놓지 마세요.

丝绸 的 衣服, 尽量 不 要 挂放, 以免 悬垂 变形.

| 忽視
홀시
hūshì | 微賤　微賤
미천　wēijiàn

視覺　视觉
시:각　shìjué | 忽視　忽視　忽視　忽視 |

여성의 소비력을 홀시(忽視)할 수는 없다.

不 可 忽視 女性 消费 力量.

제4과

상업과 유통

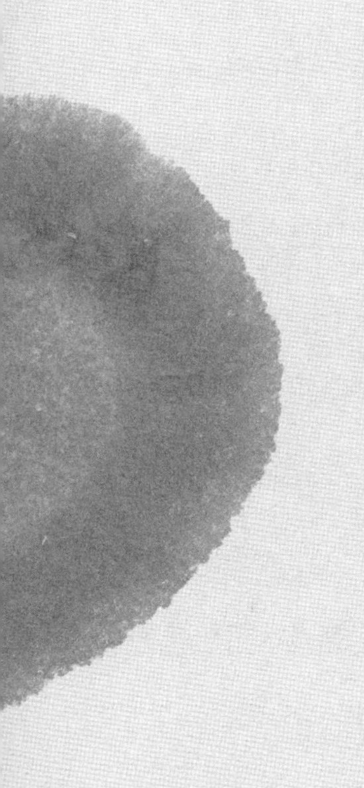

簡 單 간:단 jiǎndān	簡易　简易 간:이　jiǎnyì 貿易　贸易 무:역　màoyì 容易　容易 용이　róngyì 單純　单纯 단순　dānchún	簡　單　簡　單　简　单　简　单
		이런 기기는 조작이 좀 간단(簡單)하다. 这 种 机器 操作 比较 <u>简单</u>.
居 留 거류 jūliú	繫留　系留 계:류　jìliú 붙잡아 맴 繫留塔　系留塔 계류탑　jìliútǎ 기구 등을 묶는 탑 穴居　穴居 혈거　xuéjū	居　留　居　留　居　留　居　留
		외국인이 이곳에 거류(居留)하려면, 반드시 거류허가증이 있어야 한다. 外国人 在 此 <u>居留</u>, 必须 拥有 居留准许证.
據 點 거:점 jùdiǎn	占據　占据 점거　zhànjù 要點　要点 요점　yàodiǎn 點燈　点灯 점:등　diǎndēng	據　點　據　點　据　点　据　点
		상하이는 무역과 물류의 연안 거점(據點) 도시이다. 上海 是 贸易 和 物流 的 沿海 <u>据点</u> 城市.
格 式 격식 géshì	株式　股份 주식　gǔfèn 儀式　仪式 의식　yíshì	格　式　格　式　格　式　格　式
		이곳에다 양식(格式)의 내용에 따라 써넣어주세요. 请 在 这儿 按 <u>格式</u> 内容 填写.

經驗 경험 jīngyàn	經濟 经济 경제 jīngjì 市場 市场 시:장 shìchǎng 罷免 罢免 파:면 bàmiǎn 臨場 临场 임장 línchǎng 현장에 임석함	經 驗 經 驗 经 验 经 验

우린 언제나 많은 일들을 그르치고서, 많은 경험(經驗)을 쌓는다.

我们 总是 错过 许多 事, 得到 许多 <u>经验</u>.

管理 관리 guǎnlǐ	推理 推理 추리 tuīlǐ 整理 整理 정:리 zhěnglǐ 倫理 伦理 윤리 lúnlǐ 掌管 掌管 장:관 zhǎngguǎn 관장함	管 理 管 理 管 理 管 理

관리(管理)의 요점은 아는 데 있지 않고 행동하는 데 있다.

<u>管理</u> 的 要点 不 在于 知 而 在 于 行.

廣範 광:범 guǎngfàn	範圍 范围 범:위 fànwéi 職業 职业↔工作 직업 zhíyè↔gōngzuò 職員 职员↔工员 직원 zhíyuán↔gōngyuán 短篇 短篇 단:편 duǎnpiān	廣 範 廣 範 广 泛 广 泛

최면으로 뇌를 운용하는 범위는 매우 광범(廣範)*하다.

催眠 运用 脑子 的 范围 非常 <u>广泛</u>.

* 한국어의 '광범廣範'과 중국어 '광범廣泛 guǎngfàn'의 '범'자는 서로 다른 자임.

交付 교부 jiāofù	社交 社交 사교 shèjiāo 蘭交 兰交 난교 lánjiāo =금란지교金蘭之交 絶交 绝交 절교 juéjiāo 浮遊 浮游 부유 fúyóu	交 付 交 付 交 付 交 付

보증수리기간은 교부(交付)한 날로부터 계산합니다.

保修期 从 <u>交付</u> 之 日 起 计算.

構造 구조 gòuzào	創造 創造 창:조 chuàngzào 鑄造 铸造 주:조 zhùzào 造船 造船 조:선 zàochuán	構 造 構 造 构 造 构 造
		피부의 구조(構造)는 매우 복잡하다. 皮肤 的 构造 是 很 复杂 的.

累積 누:적 lěijī*	登載 登载 등재 dēngzǎi 樂譜 樂譜 악보 yuèpǔ	累 積 累 積 累 积 累 积
		대뇌가 받는 스트레스는 조금씩 누적(累積)된 것이다. 大脑 承受 的 压力 是 一点一滴 累积 的.

* 중국어에는 '積累 jīlěi'라고 해도 비슷한 뜻임

來往 내왕 láiwǎng	由來 由来 유래 yóulái 已往 已往 이:왕 yǐwǎng 과거 未來 未来 미:래 wèilái	來 往 來 往 来 往 来 往
		미래에는 로켓엔진 여객기가 장차 모든 대륙간을 내왕(來往)할 것이다. 未来 火箭 引擎 客机, 将 来往 各 大洲 之 间.

免除 면:제 miǎnchú	掃除 扫除 소:제 sǎochú 乘除 乘除 승제 chéngchú 곱셈과 나눗셈 除名 除名 제명 chúmíng	免 除 免 除 免 除 免 除
		전국의 농촌에서, 학비와 잡비를 면제(免除)받는 의무교육은 이미 보편적으로 실시되고 있다. 全国 农村 已经 普遍 实行 免除 学杂费 的 义务教育.

普 通	直通　直通 직통　zhítōng 亨通　亨通 형통　hēngtōng	普　通　普　通　普　通　普　通
보ː통 pǔtōng		

지식인들의 평균 연령이 보통(普通)사람보다 10세나 낮다는 보고가 있다.

有 报告 说 知识分子 平均 年龄 比 普通人 低 10岁.

負 擔	負荷　負荷 부ː하　fùhè 짐 지다 擔保　担保 담보　dānbǎo 荷重　荷重 하중　hèzhòng 질 수 있는 짐 무게	負　擔　負　擔　負　担　負　担
부ː담 fùdān		

간장은 염분이 많아서. 많이 섭취하면 신장에 부담(負擔)이 크다.

酱油 盐份 高, 吃 多了 肾脏 负担 大.

富 裕	奴婢　奴婢 노비　núbì 塗炭　涂炭 도탄　tútàn 진흙과 숯(환경의 비참함)	富　裕　富　裕　富　裕　富　裕
부ː유 fùyù		

산서 사람이 어떻게 광주 사람보다 더 부유(富裕)하겠니?

山西人 怎么 会 比 广州人 更 富裕?.

比 率	比較　比较 비ː교　bǐjiào 效率　效率 효ː율　xiàolǜ 率直　率直 솔직　shuàizhí 倍率　倍率 배ː율　bèilǜ 확대율	比　率　比　率　比　率　比　率
비ː율 bǐlǜ		

타이완의 대륙 출신 신부가 가정폭력에 시달리는 비율(比率)이 아주 높다고 한다.

听说 台湾 的 大陆 新娘 受到 家庭 暴力 的 比率 很 高.

			宣傳宣傳　宣传宣传
宣傳 선전 xuānchuán	傳記 전기	传记 zhuànjì	
	宣布 선포	宣布 xuānbù	
	簿記 부기	簿记 bùjì	교정의 풍경을 사진에 담아 학교 선전(宣傳) 팜플렛에 실을 거야.
	帳簿 장부	帐簿 zhàngbù	校园 风光 拍照 下来, 用 在 学校 宣传册.

			城市城市　城市城市
城市 성시 chéngshì	城郭* 성곽	城郭 chéngguō	
	城邑 성읍 고을	城邑 chéngyì	중국의 연해도시들은 보편적으로 고속성장을 해왔다.
			中国 沿海 城市 普遍 得到 了 高速 发展.

* '성곽城郭'은 '성곽城廓'으로 쓰여지기도 하나 '곽廓'은 1급 한자임.

			損失損失　損失損失
損失 손:실 sǔnshī	毀損 훼:손	毁损 huǐsǔn	
	流失 유실	流失 liúshī	'갑'이 채 설명하지 않아 야기한 '을'의 손실(損失)은 '갑'이 부담한다.
			甲方若 未 作 说明, 由 此 造成 乙方 的 损失 由 甲方 承担.

			首都首都　首都首都
首都 수도 shǒudū	首腦 수뇌	首脑 shǒunǎo	
	都市 도시	都市 dūshì	
	京畿 경기	京畿 jīngjī	
	近郊 근:교	近郊 jìnjiāo	수도(首都) 사람들이 가장 많이 소비하는 음료는 우유이다. 首都 人民 最大 饮料 消费 是 牛奶.

循 環 순환 xúnhuán	花環　花环 화환　huāhuán 起伏　起伏 기복　qǐfú 隆起　隆起 융기　lóngqǐ	循 環　循 環　循 环　循 环

경기 진열에는 모두 12팀이 참여하여, 3조로 나뉜 채 홈어웨이방식 토너먼트 경기로 대결한다.

比赛 队伍 共 有 12队, 分为 三 <u>循环</u> 主客场 对赛.

驛 馬 역마 yìmǎ	牛馬　牛马 우마　niúmǎ 騎馬　骑马 기마　qímǎ 車馬　车马 거마　chēmǎ	驛 馬　驛 馬　驿 马　驿 马

귀인이 역마(驛馬)살을 만나면 승진하는 이가 많고, 범인이 이를 만나면 고생스레 싸다닌다.

貴人 逢 <u>驿马</u> 多 升迁, 常人 逢 之 多 奔波.

沿 海 연해 yánhaǐ	海岸　海岸 해:안　hǎi'àn 海洋　海洋 해:양　haǐyáng 海洋權　海洋权 영해권　haǐyángquán	沿 海　沿 海　沿 海　沿 海

중국의 연해(沿海)도시들은 보편적으로 고속성장을 해왔다.

中国 <u>沿海</u> 城市 普遍 得到 了 高速 发展.

列 車 열차 lièchē*	隊列　队列 대열　duìliè 陳列　陈列 진:열　chénliè 羅列　罗列 나열　luóliè 車輪　车轮 차륜　chēlún	列 車　列 車　列 车　列 车

열차(列車)의 영향력을 얕보지 마.

不 要 小 看 <u>列车</u> 的 影响力.

* 중국어에는 '列車 lièchē'는 문어로 '공적'인 표기며, '火車 huǒchē'는 회화어로 구분되어 쓰임.

運轉 운:전 yùnzhuǎn 굴림, 활용함	厄運　　厄运 액운　　èyùn 輪轉　　轮转 윤전　　lúnzhuàn 회전시킴	運 轉 運 轉 运 转 运 转
		매년 굴릴(運轉) 자금 1억 위안이 필요하다. 每年 需要 1亿 元 运转 资金.

遠征 원:정 yuǎnzhēng	征伐　　征伐 정벌　　zhēngfá 盜賊　　盗贼 도적　　dàozéi	遠 征 遠 征 远 征 远 征
		네가 원정(遠征) 등산을 떠날 때는 반드시 아마추어 기상 전문가가 되어야만 한다. 你 在 远征 登山 时, 必须 成为 业馀 的 气象 专家.

誘引 유인 yòuyǐn	牽引　　牵引 견인　　qiānyǐn 끌어당김 導出　　导出 도:출　　dǎochū 領導　　领导 영도　　lǐngdǎo	誘 引 誘 引 诱 引 诱 引
		요즘엔 농민들도 마약을 하도록 유혹(誘引)된다. 近来 农民 也 有 被 诱引 去 吸毒 的.

貯蓄 저:축 zhùxù*	貯水池　　贮水池 저:수지　　zhùshuǐchí 咸池　　咸池 함지　　xiánchí 서쪽의 천지天池 含蓄　　含蓄 함축　　hánxù 蓄財　　蓄财 축재　　xùcái	貯 蓄 貯 蓄 贮 蓄 贮 蓄
		노인은 반평생 힘들게 저축(貯蓄)한 가산을 지키고 싶어 한다. 老年人 想 保留 半生 辛苦 贮蓄 的 家当.

* 중국어에는 '貯蓄 zhùxù'는 '공적'인 표기, '存款 cúnkuǎn'은 '사적'인 회화임.

製 作 제:작 zhìzuò	耕作　耕作 경작　gēngzuò 稻作　稻作 도작　dàozuò 벼농사=미작米作 抑制　抑制 억제　yìzhì 作家　作家 작가　zuòjiā	制 作　制 作　制 作　制 作
		나는 잽싸게 애완동물 표본 세트 제작(制作) 기술을 터득했다. 我 很快 掌握 了 一 整套 的 宠物 标本 <u>制作</u> 技术.
條 件 조건 tiáojiàn	件數　件数 건수　jiànshù 計算　计算 계:산　jìsuàn 算出　算出 산:출　suànchū	條 件　條 件　条 件　条 件
		조건(條件)에 부합되지 않으면, 비준(동의)하지 않는다. 不 符合 <u>条件</u> 的 不 予 批准.
遲 滯 지체 chízhì 느리다	遲延　迟延 지연　chíyán 停滯　停滞 정체　tíngzhì	遲 滯　遲 滯　迟 滞　迟 滞
		공정이 지체(遲滯)되어 진척되지 않는다. 工程 <u>迟滞</u> 不前.
債 券 채:권 zhàiquàn 급부 유가증권	債權　债权 채:권　zhàiquán 급부 요구 권리 債務　债务 채:무　zhàiwù 급부 지불 의무 差額　差额 차액　chà'e 巨額　巨额 거:액　jù'é	債 券　債 券　债 券　债 券
		우리는 채권(債券)에 대한 관점은 좀 보수적일 수 있어요. 我们 对 <u>债券</u> 的 看法 可能 保守 了 些.

遞 增
체증
dìzēng

漸增	漸增
점:증	jiànzēng

增加	增加
증가	zēngjiā

添加	添加
첨가	tiānjiā

減員	減員
감:원	jiǎnyuán

遞 增　遞 增　遞 增　遞 增

$1m^3$ 순증 할 때마다 가격이 70달러 인상된다.

每 遞增 1立方米 价格 提高 70$.

抽 出
추출
chōuchū

輸出	输出
수출	shūchū

露出	露出
노출	lùchū, lòuchu

輩出	辈出
배:출	bèichū

出仕	出仕
출사	chūshì
관리직에 근무하다	

抽 出　抽 出　抽 出　抽 出

지금에나 시간을 좀 뽑아(抽出), 몇 글자 좀 썼습니다.

现在 才 抽出 点 时间 来 写 点 东西.

就 業
취:업
jiùyè*

工業	工业
공업	gōngyè

商業	商业
상업	shāngyè

企業	企业
기업	qǐyè

副業	副业
부:업	fùyè

就 業　就 業　就 业　就 业

미국은 저마다 고등학교들이 모두 학생의 취업(就業) 문제를 매우 중시한다.

美国 各 高校 都 非常 重视 学生 就业 问题.

* 중국어에는 '취직就職 jiùzhí'이라 하면, '상당한 직책에 취임한다'는 뜻임.

派 遣
파견
pàiqiǎn

黨派	党派
당파	dǎngpài

系統	系统
계:통	xìtǒng
시스템	

體系	体系
체계	tǐxì
전체의 통일성	

派 遣　派 遣　派 遣　派 遣

요즘은 기관이나 단위에 파견(派遣)되어 일하는 노동자들이 갈수록 많아진다.

近来 劳动者 被 派遣 到 机关、单位 工作 的 越 来 越 多.

販賣	賣買　买卖* 매매　　mǎimài 渡河　渡河 도:하　dùhé 강을 건넘	販　賣　販　賣　販　卖　販　卖
판매 fànmài (헐하게 사서 비싸게 판다는 데서) 팜		
		우리 학교에 있는 자동 판매(販賣)기는, 경품에 당첨되면 '빙고'하고 큰 소리를 낼 줄 안다. 　我 学校 有 个 自动 販卖机, 中 了 奖 会 大叫 "宾果"!

* 한국어와 달리 '사고(買) 판다(賣)'로 인식하므로, 중국어의 간체자는 '買賣 mǎimài'의 어순임.

便宜	賃金　工资 임:금　gōngzī 貸給　贷给 대:급　dàigěi 대여貸與	便　宜　便　宜　便　宜　便　宜
편의 piányí 편리함*		
		편의(便宜)점은 판매가격이 싸서(便宜) 손님들의 환영을 받는다. 　便宜坊, 售价 便宜, 很 受 顾客 欢迎.

* 중국어 표준어의 '便宜 piányí'는 '싸다'는 뜻임. 싸게 편리한 거니까 경계가 모호함.

豐盛	昌盛　昌盛 창성　chāngshèng 번창함 盛衰　盛衰 성:쇠　shèngshuāi	豐　盛　豐　盛　丰　盛　丰　盛
풍성 fēngshèng		
		우리는 가장 풍성(豐盛)한 요리를 한 식탁 준비하였다. 　我们 准备 一 桌 最 丰盛 的 菜肴.

貨物	小包　小包 소:포　xiǎobāo 수화물 貨幣　货币 화:폐　huòbì	貨　物　貨　物　貨　物　貨　物
화:물 huòwù		
		우리 회사는 스촨과 전국 각지 국도를 왕래하는 화물(貨物) 운수를 취급한다. 　我们 公司 经营 四川 至 全国 各地 公路 往返 货物 运输.

換 錢 환:전 huànqián	銅錢 铜钱↔硬币* 동전 tóngqián↔yìngbì 替換 替换 체환 tìhuàn 교체하다	換 錢 換 錢 換 钱 換 钱
		그래도 합법적인 은행에서 환전(換錢)하는 게 제일이야. 最好 还是 在 合法 的 银行 换钱.

* 중국어에서 '铜钱 tóngqián'은 '엽전'을 가리키며, 현대의 '동전'은 '硬币 yìngbì'라고 함

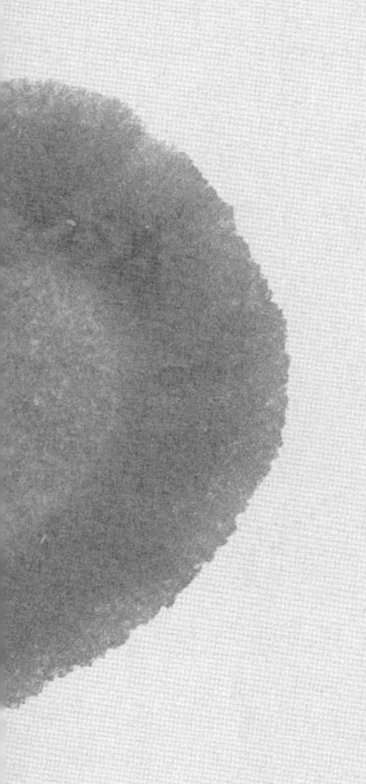

제5과

생활과 학습

可 能 가:능 kěnéng 그럴 수 있음	才能　才能 재능　cáinéng 有能　有能 유:능　yǒunéng 日可日否　日可日否 왈가왈부　yuē kě 　　　　　yuē fǒu	可 能　可 能　可 能　可 能 어떤 선택의 여지도 있을 수(可能)가 없을 거야. 不 可能 有 任何 选择 余地.
假 說 가:설 jiǎshuō 실증안된 설명	逆說　逆说 역설　nìshuō 패러독스 說明　说明 설명　shuōmíng 言及　言及 언급　yánjí 巷說　巷说 항:설　xiàngshuō 항간에 떠도는 말	假 說　假 說　假 说　假 说 이 세 가지 가설(假說)은 모두 강력한 증거를 얻지 못 하였다. 这 三 种 假说 都 没有 取得 强 有力 的 证据.
價 値 가치 jiàzhí	評價　评价 평가　píngjià 批評　批评 비:평　pīpíng	價 值　價 值　价 值　价 值 인생의 가치(價値)란 사람이 살며 분투하는 근본의 목적이다. 人生 价值 是 人 生 奋斗 的 根本 目标.
刻 苦 각고 kèkǔ 깎는 듯한 고통	頃刻　顷刻 경각　qǐngkè 아주 짧은 시간 辛苦　辛苦 신고　xīnkǔ 애씀 苦痛　苦痛↔痛苦 고통　kǔtòng↔tòngkǔ	刻 苦　刻 苦　刻 苦　刻 苦 그는 "금메달을 따자, 더욱 각고(刻苦)의 훈련을 할 수 있었다"고 말한다. 他 说"夺 得 金牌，会 更 刻苦 训练".

覺 悟 각오 juéwù	睡眠 수면 잠*	睡眠 shuìmián	覺 悟 覺 悟 觉 悟 觉 悟
	催眠 최면	催眠 cuīmián	
			모두의 각오(覺悟)가 향상되었다.
			大家 的 <u>觉悟</u> 都 提高 了.

* '잔다'는 뜻의 중국어는 '睡覺 shuìjiào'임.

蓋 然 개:연 gàirán 대개 그러함	覆蓋 복개 덮음	覆盖 fùgài	蓋 然 蓋 然 盖 然 盖 然
	茫然 망연 명함	茫然 mángrán	
	肅然 숙연	肃然 sùrán	모든 개연(蓋然)성의 추리는 감각이 작용된 어떤 것이 아닌 게 없다.
			一切 <u>盖然</u> 的 推理 无非 是 感觉 作用 的 一种.

存 在 존재 cúnzài	儒學 유학	儒学 rúxué	存 在 存 在 存 在 存 在
	哲學 철학	哲学 zhéxué	
	開學 개학	开学 kāixué	중국은 도덕적으로 위기가 존재(存在)할 뿐만 아니라, 오히려 위기가 사방에 도사리고 있다.
			中国 道德 不仅 <u>存在</u> 危机, 还是 危机 四伏.

見 聞 견:문 jiànwén	謁見 알현	谒见 yèjiàn	見 聞 見 聞 见 闻 见 闻
	醜聞 추문	丑闻 chǒuwén	
	拜謁 배:알	拜谒 bàiyè	
	意見 의:견	意见 yìjiàn	아우께서는 무공만 높은 게 아니라, 견문(見聞)도 상당히 넓으시오. 小 兄弟 不仅 武功 高强, <u>见闻</u> 也 相当 广博.

高等
고등
gāoděng

| 高僧　高僧
고승　gāosēng |
| 高峯　高峰
고봉　gāofēng |
| 吾等　吾等
오등　wúděng |
| 崇尙　崇尚
숭상　chóngshàng
숭배함 |

나는 식물이 우리들보다 고등(高等)단계로 진화했다고 여긴다.

我 认为 植物 比 我们 进化 得 高等.

句讀
구두
jùdòu
말의 마침과 쉼

| 字句　字句
자구　zìjù
낱자와 어구 |
| 誦讀　诵读
송:독　sòngdú |
| 讀者　读者
독자　dúzhě |

이 문장은 결국 어떻게 끊어읽기(句讀) 해야 하는거야?

这 句 究竟 该 怎麼 句读?.

俱全
구전
jùquán
모두 갖춤

| 全校　全校
전교　quánxiào |
| 初校　初校
초교　chūjiào
첫 번째 교정 |

봐라, 내가 여기 빛깔, 향기, 맛까지 3박자를 다 갖춘(俱全) 남자를 뽑았다.

你看, 我 这儿 挑选 了 个 色 香 味 俱全 的 男子.

寄宿
기숙
jìsù

| 寄與　寄予*
기여　jìyǔ |
| 貢獻　贡献
공:헌　gòngxiàn |

나는 대학 다닐 때, 줄곧 학교에서 기숙(寄宿) 했다.

我 上 大学 的 时候, 一直 在 学校 寄宿.

* 한국어의 '여與'와 중국어의 '여予 yǔ'는 엄격히는 서로 다른 자이나 음과 뜻이 모두 비슷한 자임.

		書き取り		

記 述
기술
jìshù

敍述	敍述
서:술	xùshù
論述	论述
논술	lùnshù
講義	讲义
강:의	jiǎngyì
黑板	黑板
흑판	hēibǎn

記 述　記 述　记 述　记 述

그는 그 책 속에 이 우스운 일을 기술(記述) 하였다.

他 在 那 一 本 书 中 记述 了 这 件 趣事.

老 練
노:련
lǎoliàn

老翁	老翁
노:옹	lǎowēng
熟練	熟练
숙련	shúliàn
練習	练习
연:습	liànxí

老 練　老 練　老 练　老 练

그는 노련(老練)해서 틀림이 없다.

他 办事 很 老练, 出 不 了 错儿.

屢 次
누차
lǚcì

二次	二次
이:차	èrcì
十分	十分
십분	shífēn
循環	循环
순환	xúnhuán
쉬지 않고 자꾸 돔	
順理	順理↔循理
순:리	shùnlǐ↔xúnlǐ
도리에 순종함	

屢 次　屢 次　屢 次　屢 次

그는 누차(屢次) 기록을 창신하였다.

他 屢次 创新 记录.

多 元
다원
duōyuán
여러 근원,갈래

元旦	元旦
원단	yuándàn
頗多	颇多
파다	pōduō
상당히 많음	
許多	许多
허다	xǔduō

多 元　多 元　多 元　多 元

의식에서는 모두에게 주류성과 다원(多元)성의 모순이 보편적으로 존재해 있다.

在 意识 上. 都 普遍 存在 着 主流 和 多元 的 矛盾.

	想像　想像 상:상　xiǎngxiàng	夢想　夢想　梦想　梦想
夢 想 몽상 mèngxiǎng	着想　着想 착상　zhuóxiǎng 着眼　着眼 착안　zhuóyǎn 碧眼　碧眼 벽안　bìyǎn	꿈(夢)에서도 생각(想)지 못 하다. 做 <u>梦</u> 也 <u>想</u> 不 到.

	無盡　无尽 무진　wújìn	無窮　無窮　无穷　无穷
無 窮 무궁 wúqióng	無爲　无为 무위　wúwéi	선생님들께서는 모두가 그에게 미래의 잠재력이 무궁(無窮)한 줄 을 분명히 엿볼 수 있었다. 老师们　都　可以　清楚　看出　他　未来　潜力　<u>无穷</u>.

	怨恨　怨恨 원:한　yuànhèn 원망함	迷惑　迷惑　迷惑　迷惑
迷 惑 미혹 míhuò	歎息　叹息 탄:식　tànxī	말재주로 우리를 미혹(迷惑)시킬 수는 없다. 花言巧语　<u>迷惑</u>　不　了　我们.

	科學　科学 과학　kēxué	百科　百科　百科　百科
百 科 백과 bǎikē 모든 과목,분야	數學　数学 수:학　shùxué 語學　语学 어:학　yǔxué 千古　千古 천고　qiāngǔ	그녀가 본 백과(百科)사전은 소설보다 많다. 她　看　的　<u>百科</u>　比　小说　多.

辨證 변ː증 biànzhèng 모순지양논증	傍證 旁证* 방증 pángzhèng 證據 证据 증거 zhèngjù	辨 證 辨 證 辨 証 辨 证

그는 변증(辨證)적인 관점으로 문제를 인식하는 능력을 갖추고 있다.

他 具有 辨证性 的 观念 认识 问题 的 能力.

* 한국어의 '방傍'과 중국어 간체자의 '旁 páng'은 서로 다른 자임.

複製 복제 fùzhì	御製 御制 어ː제 yùzhì 製圖 制图 제ː도 zhìtú 略圖 略图 약도 lüètú 掛圖 挂图 괘ː도 guàtú	複 製 複 製 复 制 复 制

복제(複製) 인간의 출현은 그저 조만간의 일일 뿐이다.

出现 复制人 只是 迟早 的 事.

非常 비상 fēicháng	凡常 凡常 범상 fáncháng 異常 异常 이ː상 yìcháng 是非 是非 시ː비 shìfēi	非 常 非 常 非 常 非 常

북한의 동포들에게 비상(非常)한 관심을 보이는 친구들이 있다.

有 朋友 非常 关心 北韩 同胞.

散步 산ː보 sànbù	踏步 踏步 답보 tàbù 제자리걸음함 讓步 让步 양ː보 ràngbù 步兵 步兵 보ː병 bùbīng 駐屯 驻屯↔屯驻 주ː둔 zhùtún↔túnzhù	散 步 散 步 散 步 散 步

나는 매일 태양이 채 뜨지 않은 때에 일어나 산보(散步)하러 나간다.

我 每天 在 太阳 还 未 升起 的 时候, 起床 出去 散步.

書 架 서가 shūjià 책꽂이	藏書　藏书 장서　cángshū 願書　愿书 원:서　yuànshū 文書　文书 문서　wénshū 十字架　十字架 십자가　shízìjià	書 架 書 架 书 架 书 架

이 목재서가(書架)는 정말 괜찮다.

这 个 木头 的 书架 真的 不 错.

識 別 식별 shíbié 가려냄	知識　知识 지식　zhīshí 博識　博识 박식　bóshí 認識　认识 인식　rènshí	識 別 識 別 识 別 识 別

내가 네게 양질육과 열등육, 병해육을 어떻게 식별(識別)하는지 알려줄게.

我 告诉 你 怎样 识别 放心肉、劣质肉、病害肉.

輿 論 여:론 yúlùn	議論　议论 의론　yìlùn 槪論　概论 개:론　gàilùn 緖論　绪论 서:론　xùlùn 頭緖　头绪 두서　tóuxù 단서, 갈피	輿 論 輿 論 輿 论 輿 论

이 극단적인 사건이 강렬한 여론(輿論)의 반응을 불러일으켰다.

这 一 极端 事件, 激起 强烈 的 輿论 反响.

鍊 武 연:무 liànwǔ* 무예를 단련함	短刀　短刀 단:도　duǎndāo 劍舞　剑舞 검:무　jiànwǔ 練兵場　练兵场 연:병장　liànbīngchǎng	鍊 武 鍊 武 炼 武 炼 武

'기술'이야 말로 연무(鍊武)라는 목표에 이르는 유일한 방법이다.

'技' 就是 要 达到 炼武 目标 的 唯一 方法.

* 중국어는 대중무술을 염두에 두고 '훈련한다'는 뜻을 부각시켜, '연무练武 liànwǔ'로 쓰는 경향이 있으나, 한국어는 군인정신을 염두에 두고 '담금질한다'는 의미를 강조하여 '연무鍊武'로 쓰임.

閱 覽 열람 yuèlǎn	展覽　展览 전:람　zhǎnlǎn 校閱　校阅 교:열　jiàoyuè 교정 검열함 獎學　奖学 장:학　jiǎngxué 私立　私立 사립　sīlì	閱　覽　閱　覽　阅　览　阅　览
		역사문헌 열람(閱覽)실이라면 1호동 안에 마련되어 있다. 历史　文献　阅览室　就　设在　一号楼　内.

獵 奇 엽기 lièqí 기괴한 일만 찾다	涉獵　涉猎 섭렵　shèliè 널리 찾음 奇怪　奇怪 기괴　qíguài	獵　奇　獵　奇　猎　奇　猎　奇
		우리는 엽기(獵奇)적인 작품에서 매우 기괴한 내용을 볼 수가 있다. 我们　会　在　猎奇　作品　中　看到　十分　奇怪　的　内容.

優 秀 우수 yōuxiù	英才　英才 영재　yīngcái 逸才　逸才 일재　yìcái 雌雄　雌雄 자웅　cíxióng	優　秀　優　秀　优　秀　优　秀
		인재를 하찮게 여기면. 우수한 인재들이 조금씩 기업을 떠나게 만든다. 大才小用, 使　一些　优秀　人才　离开　企业.

座 談 좌:담 zuòtán	座右銘　座右铭 좌우명　zuòyòumíng 缺席　缺席 결석　quēxí 卽席　即席 즉석　jíxí	座　談　座　談　座　談　座　談
		나는 그들이 이 번 좌담(座談)회를 서둘러 개최하려고 노력해 준 점이 정말 고마웠다. 我　真的　感谢　他们　努力　促成　这　次　座谈会.

錯誤 착오 cuòwù	諒解　諒解 양해　liàngjiě 誤解　误解 오:해　wùjiě 見解　见解 견:해　jiànjiě 관점과 해법	錯　誤　錯　誤　错　误　错　误
		이건 남자애들이 널리 저지를 수 있는 잘못(錯誤)이다. 这 是 男孩子 普遍 会 犯 下 的 <u>错误</u>.

開拓 개척 kāituò	拓本　拓本 탁본　tàběn 抄本　抄本 초본　chāoběn 필사본 底本　底本 저:본　dǐběn 徹底　彻底 철저　chèdǐ	開　拓　開　拓　开　拓　开　拓
		세계의 우수한 기업들이 모두 중국에서 시장을 개척(開拓)하기 위해 노력하고 있다. 世界 的 优秀 企业 都 在 努力 <u>开拓</u> 中国 市场.

肖像 초상 xiàoxiàng	偶像　偶像 우:상　ǒuxiàng 影像　影像 영:상　yǐngxiàng	肖　像　肖　像　肖　像　肖　像
		남의 초상(肖像)을 사용해도 좋다는 동의를 미처 거치지 않았다면, 남의 초상(肖像)권을 침해하기가 쉽다. 未经 同意 使用 人家 的 <u>肖像</u>, 容易 侵害 人家 的 <u>肖像</u>权.

觸手 촉수 chùshǒu 곤충의 촉수, 손을 벋다	拍手　拍手 박수　pāishǒu 徒手　徒手 도수　túshǒu 빈손 弓手　弓手 궁수　gōngshǒu 手法　手法 수법　shǒufǎ	觸　手　觸　手　触　手　触　手
		아기가 좋아할 완구를, 아기가 손을 벋어(觸手) 닿을 곳에 두세요. 把 婴儿 喜欢 的 玩具, 放 在 婴儿 <u>触手</u>可及 的 地方.

追究 추구 zhuījiū 규명함, 추궁함	追求　追求 추구　zhuīqiú (얻고자) 추구함 探究　探究 탐구　tànjiū 깊이 연구함 探求　探求 탐구　tànqiú 찾아 구함 研究　研究 연:구　yánjiū	追究　追究　追究　追究
		우리는 이상과 현실의 차이가 얼마나 큰지를 더는 추궁(追究)하지 않는다. 我们 不再 <u>追究</u> 理想 与 现实 的 差距 有 多么 大.

推薦 추천 tuījiàn	擧手　举手 거:수　jǔshǒu 雙手　举手 쌍수　shuāngshǒu 軒擧　轩举 헌거　xuānjǔ 헌걸참, 헌거로움	推薦　推薦　推荐　推荐
		모두들 무슨 추천(推薦)할 만한 좋은 것이 있으신지요? 请问 大家 有 什麽 好 的 <u>推荐</u> 吗?

畢竟 필경 bìjìng	畢生　毕生 필생　bìshēng 일생, 생을 마침 畢業　毕业 필업　bìyè 졸업, 업을 마침 專門　专门 전문　zhuānmén	畢竟　畢竟　毕竟　毕竟
		필경(畢竟)에는 이 세상에서 그래도 물건을 알아볼 사람이 있을 것이다. <u>毕竟</u> 这 个 世界 上 还 有 识货 的 人.

必須 필수 bìxū 꼭	必修　必修 필수　bìxiū 꼭 이수해야 함 修鍊　修炼 수련　xiūliàn 修飾　修饰 수식　xiūshì	必須　必須　必须　必须
		외국인등록증명서는 필수(必須)로 늘 몸에 지녀야 한다. 外国人 登录证明书 <u>必须</u> 经常 携带.

筆 跡

필적
bǐjī

登記	登记	
등기	dēngjì	
등록		
紙筆	纸笔	
지필	zhǐbǐ	
鉛筆	铅笔	
연필	qiānbǐ	

고심하여 모방한 경우를 제외하면, 사람들마다 필적(筆跡)의 특징은 다르다.

除非 刻意 模仿, 人人 笔迹 特徵 不同.

解 渴

해:갈
jiěkě
갈증을 해소함

解釋	解释	
해:석	jiěshì	
了解	了解	
요:해	liǎojiě	

수박을 먹는 건 주로 이것으로 해갈(解渴) 하려는 것이다.

吃 西瓜 主要 就 是 用 来 解渴 的.

顯 著

현:저
xiǎnzhù

著者	著者	
저:자	zhùzhě	
卜者	卜者	
복자	bǔzhě	
점쟁이		

고급주택의 수요에 현저(顯著)한 증가가 있다.

高级 住宅 的 需求 有 显著 的 增长.

呼 吸

호흡
hūxī

呼應	呼应	
호응	hūyìng	
상응함		
吸收	吸收	
흡수	xīshōu	
빨아들임		

창문을 열고 신선한 공기를 호흡(呼吸)하면 금방 좋아져.

打开 窗户 呼吸 新鲜 空气 就 好 了.

懷疑 회의 huáiyí 의심함, 추측함	質疑　质疑 질의　zhìyí 標題　标题 표제　biāotí 課題　课题 과제　kètí 指標　指标 지표　zhǐbiāo	懷 疑 懷 疑 怀 疑 怀 疑

내가 의심(懷疑)키로, 내 방안에는 블랙홀이라도 있나보다.

我 怀疑, 我 的 房间 内 有 黑洞.

後 悔 후:회 hòuhuǐ	泰然　泰然 태연　tàirán 昭然　昭然 소연　zhāorán 밝고 뚜렷함	後 悔 後 悔 后 悔 后 悔

많은 사람들이 젊은 시절에 노력이 부족했다고 후회(後悔)한다.

很多 人 后悔 年轻 时 努力 不 够.

看 病 간병 kānbìng 병구완하다*	病原菌　病原菌 병:원균　bìngyuánjūn 菌毒　菌毒 균독　jūndú 균류의 독 疫病　疫病 역병　yìbìng 臥病　卧病 와:병　wòbìng	看 病 看 病 看 病 看 病

간병(看病)하기 어렵고, 간병(看病)하기 비싼 것은 정부가 의료정책을 통제하는 데 실패하여 야기된 일이다.

看病 难, 看病 贵, 是 政府 对 医疗 政策 失控 所 造成 的.

* 중국어에는 '치료한다'나 '문병한다'는 뜻으로도 쓰이나, 이때는 'kànbìng'이라 읽어 구분함.

제6과

의식주와 사물

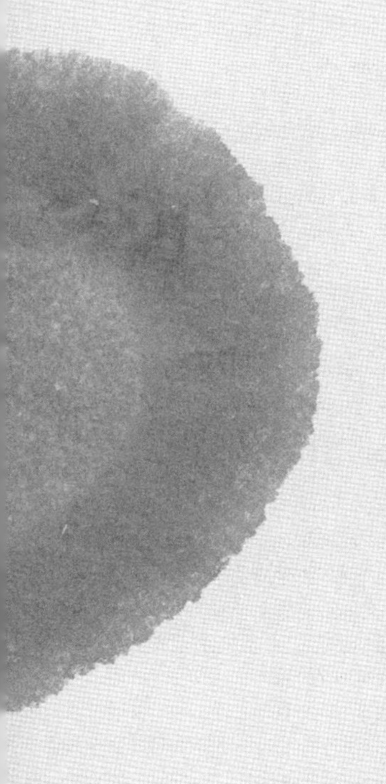

家 庭	庭園 정원　　tíngyuán 公園 공원　　gōngyuán 喪家 상가　　sāngjiā	家 庭　家 庭　家 庭　家 庭
가정 jiātíng		가정(家庭)의 화목은 아동의 성장에 지극히 중요하다. 家庭 和睦 对于 儿童 的 成长 至关 重要.

鑛 泉	潛水 잠수　　qiánshuǐ 揚水 양수　　yángshuǐ 물을 길어 올림 井水 정수　　jǐngshuǐ 우물물 水銀柱 수은주　　shuǐyínzhù	鑛 泉　鑛 泉　矿 泉　矿 泉
광:천 kuàngquán 광천수의 샘		병에 담긴 광천(鑛泉)수를 장기간 음용하는 것은 영아의 건강에 이롭지 않다고들 한다. 听说 长期 饮用 瓶装 矿泉水 对 婴孩 健康 不利.

飢 餓	餓鬼 아:귀　　èguǐ 굶은 귀신 絶叫 절규　　juéjiào 외침	飢 餓　飢 餓　饥 饿　饥 饿
기아 jī'è 굶음		그는 한 달 반을 굶어서(飢餓), 해묵은 질병들을 치유하였다. 他 饥饿 一 个 半 月, 治愈 了 陈疾 老病.

暖 房	洞房* 동:방　　dòngfáng 침실 寢室 침:실　　qǐnshì 建築 건:축　　jiànzhù	暖 房　暖 房　暖 房　暖 房
난:방 nuǎnfáng		대부분의 태양에너지 난방(暖房) 설비는 물을 가열하는 시스템을 사용한다. 大多数 太阳能 暖房 使用 热水 系统.

* '신혼초야'의 뜻인 한국어 '동방화촉洞房華燭'을, 중국어에는 '洞房花燭 dòngfáng huā zhú'로 씀

漏水

누:수
lòushuǐ

湖水	湖水
호수	húshuǐ
脱水	脱水
탈수	tuōshuǐ
탈수함, 건조함	
浸水	浸水
침수	jìnshuǐ
물에 잠김	

에어컨에서 비가 오는 것처럼 누수(漏水) 현상이 있는데, 정상인가요?

空调 像 下雨 一样 地 <u>漏水</u>, 正常 吗?

腐败

부:패
fǔbài

豆腐	豆腐
두부	dòufǔ
失败	失败
실패	shībài
败北	败北
패:배	bàiběi

페인트를 목재위에 바르면, 부패(腐败)를 막을 수 있다.

油漆 涂 在 木材 上, 可以 防止 <u>腐败</u>.

墳墓

분묘
fénmù

陵墓	陵墓
능묘	língmù
墓碑	墓碑
묘:비	mùbēi
丘陵	丘陵
구릉	qiūlíng

황혼이 되었을 때까지도 그의 아버지의 분묘(墳墓)는 찾지 못 하였다.

直到 黄昏 的 时候, 还是 没 找到 他 父母 的 <u>坟墓</u>.

設置

설치
shèzhì

倒置	倒置
도:치	dǎozhì
特设	特设
특설	tèshè
特殊	特殊
특수	tèshū

'호외 광고 설치 계획'에는 차체 설치(設置) 광고를 허락한다.

'户外 广告 设置 规划' 允许 <u>设置</u> 车身 广告.

洗濯 세탁 xǐzhuó	淨潔　净洁 정결　jìngjié 沐浴　沐浴 목욕　mùyù 汗衫　汗衫 한삼　hànshān 내의	洗　濯　洗　濯　洗　濯　洗　濯
		용수를 절약하려면, 옷가지나 식기류를 모아뒀다가 한 꺼번에 세탁(洗濯)하렴. 要 节约 用水, 集齐 衣物 或 碗碟 一次 过 洗濯.

蔬菜 소채 shūcài 채소	鷄卵　鸡卵↔鸡蛋 계란　jīluǎn↔jīdàn 鬪鷄　斗鸡 투계　dòujī	蔬　菜　蔬　菜　蔬　菜　蔬　菜
		무공해 소채(蔬菜)의 시장에 대한 수요는 장차 반드시 보다 더 확대될 것이다. 无公害 蔬菜 的 市场 需求 必 将 进一步 扩大.

樹立 수립 shùlì 세움	桂樹　桂树 계:수　guìshù 계수나무 枝葉　枝叶 지엽　zhīyè 가지잎, 자질구레함 立法　立法 입법　lìfǎ	樹　立　樹　立　树　立　树　立
		부부 사이가 서로 존중해야, 자녀에게도 좋은 모범이 선다(樹立). 夫妻 间 须 互相 尊重. 为 子女 树立 好 榜样.

藥房 약방 yàofáng	湯藥　汤药 탕:약　tāngyào 丸藥　丸药 환약　wányào 알약 彈丸　弹丸 탄:환　dànwán	藥　房　藥　房　药　房　药　房
		부엌이 가장 좋은 약방(藥房). 厨房 就 是 最好 的 药房.

雨 衣 우:의 *yǔyī*	衣裳 의상	衣裳 yīshang	雨 衣　雨 衣　雨 衣　雨 衣
	綿衣 면의 솜옷	绵衣 miányī	
	錦衣 금:의	锦衣 jǐnyī	
	雨滴 우:적	雨滴 yǔdī	망토식 우의(雨衣)를 고를 때는 좀 큰 것을 골라야 한다. 选择　斗篷式　<u>雨衣</u>　时　应　选　大　一点　的.
殿 堂 전:당 *diàntáng* 신의 큰 집, 최고 권위기관	殿閣 전:각	殿阁 diàngé	殿 堂　殿 堂　殿 堂　殿 堂
	樓閣 누각	楼阁 lóugé	
	閣下 각하	阁下 géxià	
	宮殿 궁전	宫殿 gōngdiàn	도덕심의 실종은 그 위기가 우리들 학술의 전당(殿堂)에 까지 한창 미치고 있다. 道德之心　的　缺失　正在　危及　我们　的　学术　<u>殿堂</u>.
組 織 조직 *zǔzhī*	織物 직물	织物 zhīwù	組 織　組 織　组 织　组 织
	絹絲 견사 비단실	绢丝 juànsī	
			국가란 원시사회 씨족의 조직(組織)이 전화된 것이다. 国家　是　从　原始　社会　的　氏族　<u>组织</u>　转化　而　来　的.
尊 重 존중 *zūnzhòng*	愼重 신:중	慎重 shènzhòng	尊 重　尊 重　尊 重　尊 重
	置重 치중	置重 zhìzhòng	
			약자의 생존을 존중(尊重)하지 않는 도시는 현대화된 도시가 아니다. 不　<u>尊重</u>　弱者　生存　的　城市　不　是　文明　城市.

鐘聲
종성
zhōngshēng
종소리

雷聲	雷声
뇌성	léishēng
哭聲	哭声
곡성	kūshēng

鐘聲 鐘聲 钟声 钟声

수업마침 종성(鐘聲)이 울리자마자, 학생들은 한꺼번에 빠져나가 그림자도 남지 않았다.
下课 钟声 一 响, 学生 一下子 全 都 溜得 不 见 人影.

酒店
주점
jiǔdiàn
술집*

酒量	酒量
주량	jiǔliàng
飮酒	饮酒
음:주	yǐnjiǔ
飯店	饭店
반점 식당**	fàndiàn
粟飯	粟饭
속반 조밥, 거친 밥	sùfàn

酒店 酒店 酒店 酒店

홍콩의 호텔은 일반적으로 '지우뎬(酒店)'이라 부르며, 한 등급이 낮은 것은 '빈관'이니 '뤼서'라 부른다.
香港 的 饭店, 一般 称为 酒店, 次 一级 称为 宾馆、旅舍.

* 한국어에는 '술집'이나, 중국어에는 '특급 호텔'을 가리킴
** 한국어에는 '중국식 식당'이나, 중국어에는 '호텔, 혹은 레스토랑'을 가리킴.

廳舍
청사
tīngshè

馆舍	馆舍
관사	guǎnshè
墙壁	墙壁
장벽	qiángbì
胃壁	胃壁
위벽	wèibì

廳舍 廳舍 厅舍 厅舍

국가의 청사(廳舍)에는 정치적 목적을 띤 문서나 그림을 게시하는 것을 허용한다.
国家 之 厅舍 容许 展示 具有 政治 目的 之 文书 及 图画.

礎石
초석
chǔshí

巖石	岩石
암석	yánshí
盤石	盘石
반석 큰 바위	pánshí
基礎	基础
기초	jīchǔ

礎石 礎石 础石 础石

오늘의 초보적인 연구는 다른 날 연구의 초석(礎石)이다.

今天 的 初步 探究, 是 他日 研究 之 础石.

針線

침:선
zhēnxiàn
바느질, 실바늘

秒針	秒针
초침	miǎozhēn
斜線	斜线
사선	xiéxiàn
幹線	干线
간선	gànxiàn
본선	
紫外線	紫外线
자외선	zǐwàixiàn

針線 針線 针线 针线

그는 요리와 바느질(針線) 하기 일거리에 흥미를 느끼는 보수적인 남자이다.
他 是 个 以 做 料理 和 针线 活儿 为 兴趣 的 保守男.

飽食

포:식
bǎoshí

食用	食用
식용	shíyòng
食鹽	食盐
식염	shíyán
糧食	粮食
양식	liángshí

飽食 飽食 饱食 饱食

장기간 포식(飽食)하면, 기억력이 하강되고, 기억력이 집중되지 않기가 쉽다.
长期 飽食, 容易 引起 记忆力 下降、注意力 不 集中.

戶籍

호:적
hùjí

本籍	本籍↔籍貫
본적	běnjí↔jíguàn
대대로 거주한 땅	
貫徹	贯彻
관:철	guànchè

戶籍 戶籍 戶籍 戶籍

나는 호적(戶籍)이 산서성이고, 여자친구는 호적(戶籍)이 섬서성이다.
我 戶籍 山西, 女朋友 戶籍 陕西.

火爐

화로
huǒlú

火傷	火伤
화:상	huǒshāng
砲火	炮火
포화	pàohuǒ
香爐	香炉
향로	xiānglú

火爐 火爐 火炉 火炉

모두 화로(火爐) 곁을 둘러싸고 불을 쬐고 있다.
大家 围 在 火炉边 取暖.

回廊 회랑 huíláng 행각行閣 복도, 마루, 갤러리	回顧　回顾 회고　huígù 回信　回信 회신　huíxìn 답장 回憶　回忆 회억　huíyì 회상함	回　廊	回　廊	回　廊	回　廊
		그녀는 복도(回廊) 끝에서 나를 불렀다. 她 在 回廊 的 尽头 叫 我.			

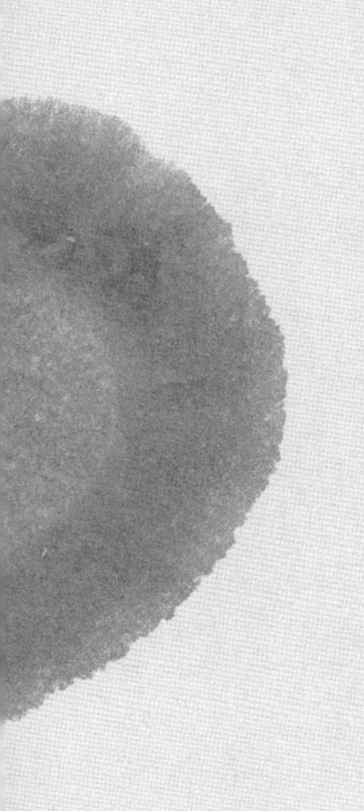

제7과

자연과 동식물

鋼鐵 강철 gāngtiě	鐵筋　鉄筋 철근　tiějīn 橋梁　桥梁 교량　qiáoliáng 橋脚　桥脚 교각　qiáojiǎo	鋼 鐵 鋼 鐵 钢 铁 钢 铁
		강철(鋼鐵) 공업은 자본과 기술이 집약된 산업의 하나이다. 钢铁 工业 是 一 种 资本 与 技术 密集 的 产业.
枯木 고목 kūmù	枕木　枕木 침:목　zhěnmù 밑을 괴는 나무 木瓜　木瓜 모:과　mùguā 모과나무 苗木　苗木 묘:목　miáomù 檀木　檀木 단목　tánmù	枯 木 枯 木 枯 木 枯 木
		고목(枯木)이란 장차 말라죽으려 하거나, 이미 말랐으되 아직 썩지 않은 나무을 가리킨다. 枯木 是 指 将 枯死 或 已 枯 未 朽 的 树木.
骨肉 골육 gǔròu	片肉　片肉 편:육　piànròu 얇게 저민 고기 羊頭狗肉　羊头狗肉 양두구육　yángtóu 　　　　　gǒuròu 양대갈에 개고기, 겉다르고 속다름	骨 肉 骨 肉 骨 肉 骨 肉
		골육(骨肉)이 나뉜다는 말은 자녀와 부모가 영원이 헤어짐을 말한다. 骨肉分离, 是 说 儿女 与 父母 永远 分离.
恐懼 공:구 kǒngjù 두려움, 황송함	冒險　冒险 모:험　màoxiǎn 危懼　危惧 위구　wēijù 두려워 함	恐 懼 恐 懼 恐 惧 恐 惧
		이 일은 우리들에게서 말하자면 예사스럽기 짝이 없으니, 두려울(恐懼) 리가 없다. 这 件 事 对 我们 来 说 是 家常便饭, 不 会 恐惧.

塊 根 괴근 kuàigēn 덩이뿌리	禍根　禍根 화:근　huògēn 殃禍　殃禍 앙:화　yānghuò 根絶　根绝 근절　gēnjué	塊　根　塊　根　块　根　块　根
		고구마 같은 괴근(塊根)류의 식용하는 부분이 바로 괴근(塊根)이다. 红薯 等 <u>块根</u>类 的 食用 部份 就 是 <u>块根</u>.

菊 花 국화 júhuā	梨花　梨花 이화　líhuā 배꽃 蓮花　莲花 연화　liánhuā 연꽃 梅花　梅花 매화　méihuā	菊　花　菊　花　菊　花　菊　花
		나는 국화(菊花)차를 음용한 지가 벌써 5년도 넘는데, 몸이 많이 좋아졌어. 我 喝 <u>菊花</u>茶 已 5年 有 余, 身体 好 多 了.

禽 獸 금수 qínshòu	魚類　鱼类 어류　yúlèi 豚脂　豚脂 돈지　túnzhī 類似　类似 유:사　lèisì	禽　獸　禽　獸　禽　兽　禽　兽
		그가 지금 개의 뒤에서 뛰고 있으니, 나는 그가 금수(禽獸)만도 못하다고 말 할 수밖에. 他 现在 跑 在 狗 後面, 我 只 能 说 他 连 <u>禽兽</u> 都 不如.

器 官 기관 qìguān 생물의 기관	陶器　陶器 도기　táoqì 漆器　漆器 칠기　qīqì 士官　士官 사:관　shìguān 병사의 통솔 무관	器　官　器　官　器　官　器　官
		최근까지도 생물기관(器官)을 이식하는 수술의 성공률은 그다지 높지 않았다. 目前 做 移植 <u>器官</u> 手术 的 成功率 还 不高.

綠 陰 녹음 lǜyīn 나뭇잎 그늘	寸陰　寸阴 촌:음　cùnyīn 짧은 시간 陰陽　阴阳 음양　yīnyáng 丹楓　丹枫 단풍　dānfēng	綠 陰 綠 陰 绿 阴 绿 阴
		녹음(綠陰)이 뙤약볕을 가렸다. 一 片 绿阴 遮住 了 骄阳.

農 民 농민 nóngmín	住民　住民 주:민　zhùmín 거주민 住宅　住宅 주:택　zhùzhái	農 民 農 民 农 民 农 民
		농민(農民)은 이론을 보지 않고, 실제만 볼 뿐이다. 农民 是 不 看 理论, 只 看 实际 的.

淡 雅 담:아 dànyǎ 아담함	淡泊　淡泊 담박　dànbó 욕심없이 조촐함 敦厚　敦厚 돈후　dūnhòu 성실하고 후함 篤實　笃实 독실　dǔshí 충실함	淡 雅 淡 雅 淡 雅 淡 雅
		공원이 아담(淡雅)하게 가꾸어졌다. 公园 整修 得 很 淡雅.

跳 躍 도약 tiàoyuè	躍進　跃进 약진　yuèjìn 前進　前进 전진　qiánjìn 促進　促进 촉진　cùjìn	跳 躍 跳 躍 跳 跃 跳 跃
		고양이는 타고 오르거나 도약(跳躍)할 때, 낙차가 아무리 커도 상처를 입지 않을 수가 있다. 猫 在 攀爬 跳跃 时, 尽管 落差 很 大, 但 不 会 受伤.

桃 源 도원 táoyuán 복숭아밭, 이상향	塞源　　塞源 색원　　sèyuán 발본색원拔本塞源 禾本科　　禾本科 화본과　　héběnkē 벼 종류 식물군 行李　　行李 행리　　xínglǐ 행장, 여행장비 要塞　　要塞 요새　　yàosài	桃 源　桃 源　桃 源　桃 源
		너희들은 반드시 너희들의 도원(桃源)을 찾아서, 자신의 도원(桃源)을 잘 보호해야만 한다. 你们 一定 要 找 你们 的 桃源 而 好好 保护 自己 的 桃源.

痲 醉 마취 mázuì*	刺客　　刺客 자:객　　cìkè 說客　　说客 세:객　　shuìkè 유세하는 사람 客室　　客室 객실　　kèshì	痲 醉　痲 醉　麻 醉　麻 醉
		마취(痲醉)약은 대부분 극독물에 해당한다. 麻醉药 大都 属于 剧毒药.

* 중국어는 '삼 麻'를 쓰므로, 한국어의 '저리다 痲'와 다른 자임.

埋 葬 매장 máizàng	嗚咽　　呜咽 오열　　wūyè 목메어 울다 幽魂　　幽魂 유혼　　yōuhún 혼	埋 葬　埋 葬　埋 葬　埋 葬
		지금은 징기스칸의 유체가 어디 매장(埋葬)되었는지를 누구도 모른다. 现在 谁 都 不 知道 成吉思汗 的 遗体 埋葬 在 哪儿?

盲 目 맹목 mángmù	耳目　　耳目 이목　　ěrmù 項目　　项目 항:목　　xiàngmù 面目　　面目 면목　　miànmù 용모, 입장, 낯 目的　　目的 목적　　mùdì	盲 目　盲 目　盲 目　盲 目
		맹목(盲目)으로 일본상품을 배척하는 것은 눈 감고 마작놀이 하는 것과 같다. 盲目 抵制 日货, 就 像 闭 着 眼睛 打 麻雀.

蜜蜂 밀봉 mìfēng 꿀벌	蜂蜜　蜂蜜 봉밀　fēngmì 胡蝶　胡蝶 호접　húdié 나비	蜜　蜂　蜜　蜂　蜜　蜂　蜜　蜂
		꿀벌(蜜蜂)은 날개를 떨치는 데 의지해 소리를 내는 것이 아니다. 蜜蜂　不　是　靠　翅膀　振动　发声.

反應 반:응 fǎnyìng	適應　适应 적응　shìyìng 應答　应答 응:답　yìngdá	反　應　反　應　反　应　反　应
		애인에게 차였을 때, 사람들에게는 무슨 반응(反應)이 나타날까? 被　情人　抛弃　时, 人家　会　有　甚麼　反应　呢?

發給 발급 fāgěi 발행해 줌	發芽　发芽 발아　fāyá 挑發　挑拨* 도발　tiǎobō 분쟁을 일으킴 濫發　滥发 남:발　lànfā 蒸發　蒸发 증발　zhēngfā	發　給　發　給　发　给　发　给
		이게 내가 그녀에게 발급(發給)하는 마지막 메일이야. 这　是　我　发给　她　的　最後　一　封　电子邮件.

* 중국어는 '퉁기다 발撥'을 쓰므로, 한국어의 '피다 발發'과 다른 자임.

變化 변:화 biànhuà	羽化　羽化 우:화　yǔhuà 우화등선羽化登仙 消化　消化 소화　xiāohuà 化粧　化妆 화장　huàzhuāng	變　化　變　化　变　化　变　化
		인류는 부단히 진화하여, 부단히 변화(變化)하는 환경에 적응하였다. 人类　不断　地　进化, 以　适应　不断　变化　的　环境.

桑田 상전 sāngtián 뽕밭	油田　油田 유전　yóutián 水田　水田 수전　shuǐtián* 무논, 답畓* 麥粉　麦粉 맥분　màifěn	桑　田　桑　田　桑　田　桑　田
		뽕밭(桑田)이 바다로 변했다. 桑田 变成 海 了.

狀態 상태 zhuàngtài	態度　态度 태:도　tàidù 硬度　硬度 경도　yìngdù	狀　態　狀　態　状　态　状　态
		한 사람의 상태(狀態)는 그가 참여하는 승부의 결과에 영향을 미칠 수 있다. 一个 人 的 状态 可以 影响 其 胜负 结果.

楊柳 양류 yángliǔ 버드나무	波紋　波纹 파문　bōwén 燦爛　灿烂 찬:란　cànlàn	楊　柳　楊　柳　杨　柳　杨　柳
		버드나무(楊柳)는 말랐어도, 다시 푸르를 때가 있다. 杨柳 枯了, 有 再 青 的 时候.

漁夫 어부 yúfū	匹夫　匹夫 필부　pǐfū 丈夫　丈夫 장:부　zhàngfū 矢言　矢言 시:언　shǐyán 맹세	漁　夫　漁　夫　渔　夫　渔　夫
		어떤 두 어부(漁夫)가 해변에서 물고기를 잡는다. 有 两 个 渔夫 在 海边 打鱼.

燃燒 연소 ránshāo	燃料　燃料 연료　ránliào 材料　材料 재료　cáiliào 資料　资料 자료　zīliào	燃燒　燃烧　燃烧　燃烧

네가 휴식할 때에도 너의 신체는 여전히 쉬지 않고 칼로리를 연소(燃燒) 시킨다.

你休息的时候, 你的身体还在不停的 <u>燃烧</u> 卡路里.

染色 염:색 rǎnsè	色彩　色彩 색채　sècǎi 污染　色彩 오염　wūrǎn 間色　间色 간색　jiànsè 혼합색	染色　染色　染色　染色

우리 회사는 기성복 염색(染色)에 풍부한 경험이 있습니다.

我们 公司 具有 丰富 的 成衣 <u>染色</u> 经验.

搖動 요동 yáodòng 흔들린다	移動　移动 이동　yídòng 被動　被动 피:동　bèidòng 騷動　骚动 소동　sāodòng 소란피움, 술렁거림 自動　自动 자동　zìdòng	搖動　搖動　搖動　搖動

그녀의 엄마는 아이를 안고 한펴 노래하면서 한편 아이를 흔들어(搖動)댄다.

她的 妈妈 抱著 孩子 边 唱歌 边 <u>摇动</u>.

危險 위험 wēixiǎn	危殆　危殆 위태　wēidài 保險　保险 보:험　bǎoxiǎn	危險　危險　危險　危險

이런 것이 가장 위험(危險)한 행동의 하나이다.

这是 一 种 最 <u>危险</u> 的 举动.

潤澤 윤:택 rùnzé	光澤 광택 光輝 광휘 광채 濕潤 습윤	光泽 guāngzé 光辉 guānghuī 湿润 shīrùn	潤澤　潤澤　润泽　润泽
			피부를 가볍게 눌러주면, 윤택(潤澤) 효과를 얻을 수 있다. 轻轻 按压 肌肤，能 得到 润泽 效果.

恩惠 은혜 ēnhuì	謝恩 사:은 互惠 호:혜 恩澤 은택 혜택	谢恩 xiè'ēn 互惠 hùhuì 恩泽 ēnzé	恩惠　恩惠　恩惠　恩惠
			태어나 삶을 누렸으니, 부모님의 은혜(恩惠)에 감사해야 한다. 生 而 为人，应该 感谢 父母 的 恩惠.

凝固 응:고 nínggù	固執 고집 堅固 견고 固辭 고사 단호히 거절함	固执 gùzhí 坚固 jiāngù 固辞 gùcí	凝固　凝固　凝固　凝固
			단백질은 열을 받으면 응고(凝固)한다. 蛋白质 遇 热 会 凝固.

依存 의존 yīcún	依賴 의뢰 기대다 殘存 잔존	依赖 yīlài 残存 cáncún	依存　依存　依存　依存
			방직의 발전과 면화의 생산은 상호 의존(依存)하며, 상호 촉진한다. 纺织 发展 与 棉花 生产 相互 依存、相互 促进.

益鳥 익조 yìniǎo 이로운 새	鳥銃　鸟铳 조총　niǎochòng 새총, 구식총 益蟲　益虫 익충　yìchóng 鳥鵲　乌鹊 오작　wūquè 까막까치	益鳥 益鳥 益鳥 益鳥
		알락할미새는 곤충과 과실을 주식으로 삼으므로, 익조(益鳥)이다. 白头翁 以 昆虫、果实 为 主食, 是 <u>益鸟</u>.

栽培 재:배 zāipéi	培養　培养 배:양　péiyǎng 扶養　扶养 부양　fúyǎng	栽培 栽培 栽培 栽培
		중국의 차나무 재배(栽培) 기술은 날이 갈수록 진보한다. 中国 的 茶树 <u>栽培</u> 技术 越 来 越 进步.

爭奪 쟁탈 zhēngduó	掠奪　掠夺 약탈　lüèduó 競爭　竞争 경:쟁　jìngzhēng 紛爭　纷争 분쟁　fēnzhēng	爭奪 爭奪 爭夺 爭夺
		기업끼리는 흔히 가격다운이라는 치명적인 무기를 쥐고 시장을 쟁탈(爭奪)한다. 企业 间 往往 采用 降价 利器 来 <u>争夺</u> 市场.

靜止 정:지 jìngzhǐ 고요하게 멎음	靜物　静物 정:물　jìngwù 정지靜止된 사물 植物　植物 식물　zhíwù 穀物　谷物 곡물　gǔwù 停止　停止 정지　tíngzhǐ 멈춤	靜止 靜止 靜止 靜止
		바람이 불지 않자, 호수는 정지(靜止)된 풍경을 드러낸다. 没有 刮风, 湖水 呈现 出 <u>静止</u> 景色.

祖 孫	曾孫　曾孙 증손　zēngsūn 孝子賢孫　孝子贤孙 효자현손　xiàozǐ 　　　　　xiánsūn 효자와 어진 후손 聖賢　圣贤 성:현　shèngxián 성자와 현인	祖 孫　祖 孫　祖 孙　祖 孙
조손 zǔsūn 조부모와 후손		
		할머니와 손녀(祖孫)가 둘이서 시장에서 구경거리를 본다. 祖孙 俩 在 市场 里 看 热闹.

茶 托	綠茶　绿茶 녹차　lǜchá 托鉢　托钵 탁발　tuōbō (동냥)바리때를 듦	茶 托　茶 托　茶 托　茶 托
차탁 chátuō 찻잔받침		
		스촨의 뚜껑찻잔은 찻잔, 찻잔뚜껑, 차탁(茶托) 세 가지 물품이 세 트를 이룬 것이다. 四川 的 盖碗 是 茶碗、茶盖、茶托 三 件头 组成 的.

採 取	收取　收取 수취　shōuqǔ 取捨　取舍 취:사　qǔshě 取消　取消 취:소　qǔxiāo 竊取　窃取 절취　qièqǔ	採 取　採 取　采 取　采 取
채:취 cǎiqǔ		
		지금은 차 열매를 채취(採取)하여, 차기름을 만들기도 한다. 现在 也 有 采取 茶子，制造 茶油 的.

尺 度	溫度　温度 온도　wēndù 緯度　纬度 위도　wěidù	尺 度　尺 度　尺 度　尺 度
척도 chǐdù		
		이른바 자아를 교육한다는 것은, 일정한 척도(尺度)로 자신을 평 가하는 것이다. 所谓 自我 教育，就 是 用 一定 的 尺度 来 衡量 自己.

青龍 청룡 qīnglóng	猛虎　猛虎 맹:호　měnghǔ 蛇足　蛇足 사족　shézú 군더더기 =화사첨족畵蛇添足	青 龍 青 龍 青 龙 青 龙

왼쪽에는 청룡(青龍)을 두고, 오른쪽에는 백호를 두며, 앞에는 주작을 두고, 뒤에는 현무를 둔다.

左青龙, 右白虎, 前朱鸟, 後玄武.

草案 초안 cǎo'àn	草屋　草屋 초옥　cǎowū 瓦屋　瓦屋 와:옥　wǎwū 妙案　妙案 묘:안　miào'àn 巧妙　巧妙 교묘　qiǎomiào	草 案 草 案 草 案 草 案

중국은 장차 2년의 시간동안 '에너지법'의 초안(草案)을 기초 잡고 완성할 것이다.

中国 将 用 两年 时间 起草 完成 "能源法" 草案.

畜生 축생 chùshēng 짐승	再生　再生 재:생　zàishēng 蘇生　苏生 소생　sūshēng 다시 살아남	畜 生 畜 生 畜 生 畜 生

짐승(畜生)은 결국 짐승(畜生)일 뿐이다.

畜生 总 归 是 ·畜生.

測量 측량 cèliáng	雅量　雅量 아:량　yǎliàng 力量　力量 역량　lìliàng 斤量　斤量 근량　jīnliàng 저울무게 度量　度量 도:량　dùliàng	測 量 測 量 測 量 測 量

만약 인쇄기를 연결시켜 쓴다면, 측량(測量)의 결과를 자동으로 인쇄할 수가 있다.

如 配用 打印机, 可 自动 打印 測量 结果.

| 侵犯
침범
qīnfàn | 戰犯　战犯
전:범　zhànfàn

犯法　犯法
범:법　fànfǎ | 侵 犯　侵 犯　侵 犯　侵 犯 |
| | | 우리는 남의 권리를 침범(侵犯)해서는 안 된다.

我们 不 会 <u>侵犯</u> 了 人家 的 权利. |

| 捕 捉
포:착
bǔzhuō
잡음 | 捕獲　捕获
포:획　bǔhuò

逮捕　逮捕
체포　dàibǔ | 捕 捉　捕 捉　捕 捉　捕 捉 |
| | | 민물 게는 쉽게 구멍을 파고 숨어버리기 때문에 잡기(捕捉)가 좀 어렵다.

因为 河蟹 容易 打洞 逃跑, <u>捕捉</u> 较 困难. |

| 風 景
풍경
fēngjǐng | 風琴　风琴
풍금　fēngqín
오르간

屛風　屛风
병풍　píngfēng

驚風　惊风
경풍　jīngfēng
경기 | 風 景　風 景　风 景　风 景 |
| | | 이곳은 원시의 풍경(風景)이 가장 빼어난 길이다.

这 是 一 条 原始 <u>风景</u> 最 为 秀美 的 路. |

| 鶴 壽
학수
hèshòu
학처럼 장수함 | 福祿　福祿
복록　fúlù
번영

福利　福利
복리　fúlì
복지후생福祉厚生

冥福　冥福
명복　míngfú
저승에서 누릴 복 | 鶴 壽　鶴 壽　鶴 寿　鶴 寿 |
| | | 노인의 장수를 축원할 때는, '건강하시고, 장수하세요(鶴壽)'라고 말할 수 있다.

祝愿 老人家 的 长寿, 可以 说"祝 你 松龄鹤寿". |

陷落 함:락 xiànluò 함몰함	墮落　墮落 타:락　duòluò 村落　村落 촌락　cūnluò 段落　段落 단락　duànluò 騰落　騰落 등락　téngluò 물가의 등귀 폭락	陷落　陷落　陷落　陷落

함몰(陷落)될까 두려워하지 말라, 반드시 함몰(陷落)된 곳에서 일어나, 계속 전진하기만 하라.
不要 惧怕 陷落, 一定 要 在 陷落 的 地方 站起, 继续 前进.

嫌惡 혐오 xiánwù	憎惡　憎惡 증오　zēngwù 惡臭　惡臭 악취　èchòu 惡夢　惡梦 악몽　èmèng	嫌惡　嫌惡　嫌惡　嫌惡

주민들은 모두 혐오(嫌惡)스런 시설과 이웃하지 않기를 바란다.

居民 都 希望 避免 与 嫌惡 设施 为 邻.

混合 혼:합 hùnhé	聯合　联合 연합　liánhé 配合　配合 배:합　pèihé	混合　混合　混合　混合

하이브리드(hybrid 混合) 동력 자동차가 갑자기 시장유행의 한 풍조가 되었다.

混合动力车 突然 成为 一 种 市场 流行 时尚.

鴻毛 홍모 hóngmáo 기러기의 깃, 가벼움	羊毛　羊毛 양모　yángmáo 鳳毛　凤毛 봉:모　fèngmáo 드문 글이나 풍채	鴻毛　鴻毛　鴻毛　鴻毛

그녀의 감정은 가볍기가 기러기의 깃(鴻毛) 같으면서도, 오히려 태산보다 무겁기도 하다.

她 的 感情 轻 如 鸿毛, 却 又 重 于 泰山.

제8과

천문과 지리

距 離			距 離　距 離　距 离　距 离
거:리 jùlí	隔離 격리	隔离 gélí	
	離合 이합	离合 líhé	
	短期 단:기	短期 duǎnqī	친구들 간에도 약간의 거리(距離)는 역시 아주 필요한거야. 朋友 之 间, 有 些 <u>距离</u> 还是 很 有 必要 的.

境 界			境 界　境 界　境 界　境 界
경계 jìngjiè	境遇 경우	境遇 jìngyù	
	世界 세:계	世界 shìjiè	
	各界 각계	各界 gèjiè	아마도, 익숙해졌다는 게 사랑의 가장 높은 경계(境界)일거야. 也许, 习惯 了 就 是 爱 的 最高 <u>境界</u> 吧.

局 限			局 限　局 限　局 限　局 限
국한 júxiàn 한정함	限界 한:계	限界 xiànjiè	
	外界 외:계	外界 wàijiè	
			2006년 이래, 대학입시의 지원은 더 이상 호적지를 한정(局限)하지 않는다. **2006年** 以来, 高考 报名 不 再 <u>局限</u> 户籍 地点.

納 涼			納 涼　納 涼　纳 涼　纳 涼
납량 nàliáng 더위를 식힘	清涼 청량 서늘함	清凉 qīngliáng	
	清溪 청계 맑은 시내	清溪 qīngxī	
	溪谷 계곡	溪谷 xīgǔ	등나무의자는 대부분 집안의 노인들에게 더위를 식히며(納涼) 즐기게 하기 위해서 사들이는 것이다. 藤椅 大多 是 为了 让 家里 的 老年人 <u>纳凉</u> 享用 才 买 的.

道 路 도:로 dàolù	街道　街道 가도　jiēdào 軌道　轨道 궤:도　guǐdào 赤道　赤道 적도　chìdào 路程　路程 노:정　lùchéng 가는 거리와 시간	道　路　道　路　道　路　道　路 운전수는 트럭을 도로(道路) 곁에 기대어 세운 다음 그곳을 떠났다. 司机 将 卡车 停 靠在 道路边 后 离开.
東 岳 동악 dōngyuè 동쪽 산악, 곧 태산泰山	西域　西域 서역　xīyù 현 위구르자치구땅 南極　南极 남극　nánjí 北斗　北斗 북두　běidǒu 太極拳　太极拳 태극권　tàijíquán	東　岳　東　岳　东　岳　东　岳 그 옛날 진시황은 일찍이 동악(東岳) 태산에서 하늘에 제사지냈다. 当年 秦始皇 曾 往 东岳 泰山 祭天.
脈 絡 맥락 màiluò 혈관체계, 또는 줄거리	山脈　山脉 산맥　shānmài 山徑　山径 산경　shānjìng 산길 嶺南　岭南 영남　lǐngnán	脈　絡　脈　絡　脉　络　脉　络 '언어환경'을 타이완의 학자들은 '맥락(脈絡)'이라 부른다. "语境"台湾 学者 称 之 为 "脉络".
拔 群 발군 báqún 무리중 빼어남	群島　群岛 군도　qúndǎo 무리진 섬들 半島　半岛 반:도　bàndǎo 바다에 불거진 육지	拔　群　拔　群　拔　群　拔　群 풀의 정기 빼어난 것을 '영'이라 부르고, 짐승에서 발군(拔群)한 것을 '웅'이라 부른다. 草 之 精秀 者 叫 "英", 兽 之 拔群 者 叫 "雄".

邊 境 변경 biānjìng	川邊　川边 천변　chuānbiān 爐邊　炉边 노변　lúbiān 화롯가 仙境　仙境 선경　xiānjìng 環境　环境 환경　huánjìng	邊 境　邊 境　边 境　边 境
		옌벤의 변경(邊境) 관광산업은 발전할 엄청난 잠재력이 있다. 延边 的 <u>边境</u> 旅游业 发展 具备 了 很 大 潜力.
封 鎖 봉쇄 fēngsuǒ	鎖國　锁国 쇄:국　suǒguó 連鎖　连锁 연쇄　liánsuǒ	封 鎖　封 鎖　封 锁　封 锁
		예술가의 활동영역을 봉쇄(封鎖)하는 것 외에, 중국에서는 자주 영화의 상영도 금지한다. 除了 <u>封锁</u> 艺人, 中国 也 常 禁 演 电影.
沙 漠 사막 shāmò	沙洲　沙洲 사주　shāzhōu 雲霧　云雾 운무　yúnwù	沙 漠　沙 漠　沙 漠　沙 漠
		사막(沙漠) 지역은 대부분이 모래벌판이나 모래언덕이다. <u>沙漠</u> 地域 大多 是 沙滩 或 沙丘.
三 綱 삼강 sāngāng 임금, 아비, 남편의 도리	君臣　君臣 군신　jūnchén 父子　父子 부자　fùzǐ 夫婦　夫妇 부부　fūfù	三 綱　三 綱　三 纲　三 纲
		인정은 하늘의 이치이니, 삼강(三綱)이며 오상이라 한 것은 고칠 수가 없는 것이다. 天 理 人情, <u>三纲</u> 五常, 是 改 不 了 的.

| 衛星
위성
wèixīng | 星辰
성신
별 | 星辰
xīngchén | 衛 星　衛 星　卫 星　卫 星 |
| | 曉星
효:성
샛별 | 曉星
xiǎoxīng | |

모든 성단위 위성(衛星)방송국에서는 황금시간대에 외국의 방송극을 방송할 수가 없다.
　各 省级 卫星台 不能 在 黄金 时段 播放 境外 电视剧.

| 泥土
이토
nítǔ
진흙 | 黃土
황토 | 黃土
huángtǔ | 泥 土　泥 土　泥 土　泥 土 |
| | 土壤
토양 | 土壤
tǔrǎng | |

너는 개가 진흙(泥土) 먹는 걸 너무 꺼림칙하게 여기지 마, 개는 냄새부터 맡아보고 골라서 먹는 걸.
你 不要 太 介意 狗 吃 泥土, 它 是 先闻, 有 挑选地 吃.

低空 저:공 dīkōng	低價 저:가 헐값	低价 dījià	低 空　低 空　低 空　低 空
	蒼空 창공	苍空 cāngkōng	
	航空 항:공	航空 hángkōng	

저공(低空)낙하 공개경기가 북경중앙텔레비전 송신탑에서 거행된다.
　低空跳伞 公开赛 在 北京中央电视塔 举行.

周圍 주위 zhōuwéi	深處 심:처	深处 shēnchù	周 圍　周 圍　周 围　周 围
	傷處 상처	伤处 shāngchù	
	煩惱 번뇌	烦恼 fánnǎo	

정류장 주위에 많은 나무를 심는다면, 도시경관이 훨씬 더 보기 좋을 거야.
在 车站 周围 种 上 许多 树木, 城市 景观 就 更 好看 了.

陣 容	形容 형용	形容 xíngróng	陣容　陣容　阵容　阵容
진용 zhènróng 짜임새	容貌 용모	容貌 róngmào	
	容恕 용서	容恕 róngshù	한국의 방송극 대장금은, 연기자들의 진용(陣容 lineup)이 그렇게 쟁쟁하지는 않다.
	原形 원형	原形 yuánxíng	韩国的　电视剧　大长今, 演员　阵容　不　太　强大.

天 涯	天氣 천기 날씨	天气 tiānqì	天涯　天涯　天涯　天涯
천애 tiānyá 하늘끝	九天 구천 가장 높은 하늘	九天 jiǔtiān	
	九州 구주 1국의 영토	九州 jiǔzhōu	남녀가 사랑하면, 천애(天涯)에 세상 끝이라도, 영원히 함께 좇을 수가 있으니, 이 얼마나 아름다우냐! 男女　恋愛, 就　能　天涯海角, 永远　相随, 这　多么　漂亮!

浦 口	港口 항:구	港口 gǎngkǒu	浦口　浦口　浦口　浦口
포구 pǔkǒu 소항구小港口	窓口 창구	窗口 chuāngkǒu	
	口味 구:미 입맛	口味 kǒuwèi	대학의 학생 대표는 난징의 포구(浦口) 개발구역을 참관한다. 大学　学生　代表　参观　南京　浦口　开发区.

漂 流	濁流 탁류	浊流 zhuóliú	漂流　漂流　漂流　漂流
표류 piāoliu 떠다님	潮流 조류	潮流 cháoliú	
	亞流 아:류	亚流 yàliú	표류(漂流)하며 모험하는 데, 필요한 것은 미지의 대자연에서 무 엇인가를 얻으려 하는 한 가지 마음가짐이다. 漂流　冒险, 需要　的　是　一　种　对　未知　大自然　的　探求　心理.

| 寒 帶
한대
hándài | 携帶　　携带
휴대　　xiédài

脣亡齒寒　脣亡齒寒
순망치한　chúnwáng
　　　　　chǐhán
입술과 이가 도움

脣齒相依　脣齒相依
순치상의　chún chǐ
　　　　　xiāngyī
입술과 이가 도움 | 寒 帶　寒 帶　寒 帶　寒 帶 |

한대(寒帶) 지역은 생활이 비교적 어려워서, 이곳에 사는 사람들은 성격이 곧잘 활발하다.
寒帶 地区 生活 较 难, 故 活 在 这里 的 人 性格 多 活泼.

| 縣 令
현:령
xiànlǐng | 命令　　命令
명:령　mínglìng

司令　　司令
사령　sīlìng
사령관

郡縣制　郡縣制
군현제　jùnxiànzhì
군현의 중앙집권제 | 縣 令　縣 令　县 令　县 令 |

항저우 현령(縣令) 수스는 현민이 만든 부채에, 그림을 그린 적이 있다.
杭州 县令 苏轼 在 县民 做 的 扇子 上, 画 过 画.

| 弘 報
홍보
hóngbào | 報道　　报道
보:도　bàodào

報答　　报答
보:답　bàodá | 弘 報　弘 報　弘 报　弘 报 |

한국 국무원 홍보(弘報)처 처장이 전화를 걸어와 깊은 애도를 표시하였다.
韩国 国政 弘报处 处长 来 电 表示 深切 哀悼.

| 還 鄉
환향
huánxiāng | 故鄉　　故乡
고향　gùxiāng

歸鄉　　归乡
귀향　guīxiāng

償還　　偿还
상환　chánghuán

故障　　故障
고:장　gùzhàng | 還 鄉　還 鄉　还 乡　还 乡 |

그들은 결국 나그네들이냐? 환향(還鄉)한 이들이냐?.
他们 究竟 是 过客 呢? 还是 还乡者 呢?

제9과

시간과 계절

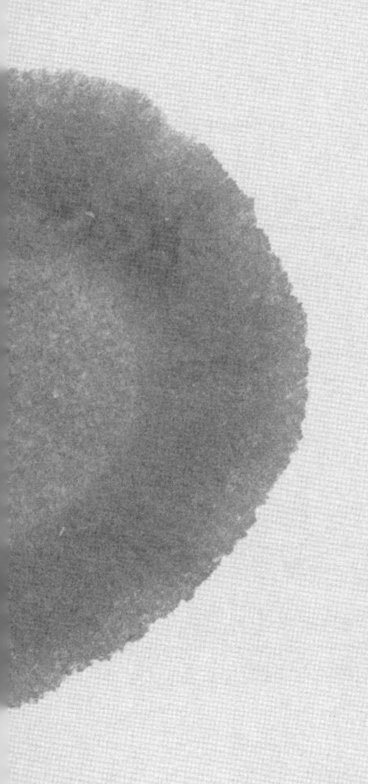

		연습
降下 강하 jiàngxià 내림	下午　下午 하:오　xiàwǔ 零下　零下 영하　língxià 霜降　霜降 상강　shuāngjiàng 24절기 입동의 앞 昇降　升降 승강　shēngjiàng	降下　降下　降下　降下 지금 그것의 가격은 100위안이 떨어져(降下), 695위안입니다. 现在 它 的 价格 <u>降下</u> 100元, 是 695元.
乾燥 건조 gānzào	乾杯　干杯 건배　gānbēi 乾坤　乾坤 건곤　qiánkūn 宇宙　宇宙 우:주　yǔzhòu	乾燥　乾燥　干燥　干燥 가을에는 피부가 건조(乾燥)해지니, 세면 횟수를 줄여야 한다. 秋天 肌肤 <u>干燥</u>, 要 减少 洗脸 的 次数.
季節 계:절 jìjié	佳節　佳节 가:절　jiājié 좋은 때나 명절 歲暮　岁暮 세모　suìmù 세밑	季節　季節　季节　季节 겨울은 여행하기에 좋은 계절(季節)이 아니지요, 바람이 너무 세지거든요. 冬天 不 是 旅游 的 好 <u>季节</u>, 风 太 大 了.
過去 과:거 guòqu 과거*	過敏　过敏 과:민　guòmǐn 지나치게 예민함 通過　通过 통과　tōngguò 逝去　逝去 서:거　shìqù 가버림, 떠나가심	過去　過去　过去　过去 발생하는 모든 일들이, 장차는 모두 과거(過去)가 될 것이다. 发生 的 一切, 都 将 成为 <u>过去</u>.

* 한국어에는 '과거'라는 뜻의 시간사일 뿐인데, 중국어에서는 '지나간다'는 뜻으로, 움직임도 나타냄.

區劃 구획 qūhuà	秋毫　秋毫 추호　qīuháo 揮毫　挥毫 휘호　huīháo 붓을 휘둘러 씀 仲秋　仲秋 중추　zhòngqīu 伯仲　伯仲 백중　bózhòng 맏이와 둘째, 백중함	區　劃　區　劃　区　划　区　划

하늘의 별은 구획(區劃)이 28수로 나뉜다.

天空 的 星 <u>区划</u> 分为 28宿.

規則 규칙 guīzé	盟約　盟约 맹약　méngyuē 儉約　俭约 검:약　jiǎnyuē	規　則　規　則　規　則　規　則

화장실 가서 물 내리지 않는 건 규칙(規則)을 어기는 거지요.

上 厕所 不 冲水 是 犯了 <u>规则</u> 的.

今年 금년 jīnnián	昔年　昔年 석년　xīnián 왕년 閏年　闰年 윤:년　rùnnián 每年　每年 매:년　měinián	今　年　今　年　今　年　今　年

금년(今年)의 자동차 시장은 잠시도 한가히 있을 때가 없다.

<u>今年</u> 的 汽车 市场 却 一刻 也 没 闲着.

急迫 급박 jípò 절박함	救急　救急 구:급　jiùjí 救助　救助 구:조　jiùzhù 援助　援助 원:조　yuánzhù 脅迫　胁迫 협박　xiépò	急　迫　急　迫　急　迫　急　迫

일이 급박(急迫)하니, 서둘러 처리해야 한다.

事情 很 <u>急迫</u>, 得 赶快 处理.

乃至 내:지 nǎizhì	終了　终了↔结束 종료 zhōngliǎo↔jiéshù 始終　始终 시:종　shǐzhōng	乃至　乃至　乃至　乃至

에너지절약은 이미 중국 내지(乃至)는 전세계에서 가장 관심을 끄는 화제꺼리입니다.

节能 已 成 中国 <u>乃至</u> 全世界 最 关心 的 话题.

妨害 방해 fánghài	旱害　旱害 한:해　hànhài 災害　灾害 재해　zāihài 銳利　锐利 예:리　ruìlì 勝利　胜利 승리　shènglì	妨害　妨害　妨害　妨害

만약 이렇게 하도록 그를 내버려둔다면, 그의 앞길에 방해(妨害)가 될 것이다.

倘若 任 他 这样 做 下去, 于 它 的 前途 很 有 <u>妨害</u>.

背景 배:경 bèijǐng	雪景　雪景 설경　xuějǐng 氷雪　氷雪 빙설　bīngxuě 얼음같은 눈 螢雪　萤雪 형설　yíngxuě 형설지공螢雪之功	背景　背景　背景　背景

어떤 좋은 배경(背景)은 흔히 아주 특별한 효과를 낳곤 한다.

有 一 个 好 的 <u>背景</u> 往往 能 产生 很 特别 的 效果.

奔走 분주 bēnzǒu 바삐 싸다님	介入　介入 개:입　jièrù 끼어듬 入春　入春 입춘　rùchūn 孟春　孟春 맹:춘　mèngchūn	奔走　奔走　奔走　奔走

네가 원하든 원치 않든, 모두가 이 인생의 길에서 분주(奔走)해야만 한다.

不管 你 愿 不 愿意, 都 要 在 这段 人生 的 道路 上 <u>奔走</u>.

攝 氏 섭씨 shèshì	越冬　越冬 월동　yuèdōng 超越　超越 초월　chāoyuè 卓越　卓越 탁월　zhuōyuè	攝　氏　攝　氏　摄　氏　摄　氏
		에베레스트산 꼭대기에서는 최저 온도가 섭씨(攝氏) 60도이다. 珠穆朗玛峰　山顶　上　最低　温度　为　<u>摄氏</u>　零下　60度.

時 事 시사 shíshì	事物　事物 사:물　shìwù 訟事　讼事 송:사　sòngshì 謀事　谋事 모사　móushì 사업을 도모함 暫時　暂时 잠:시　zànshí	時　事　時　事　时　事　时　事
		그는 근년 들어 시사(時事)평론계에 떠오른 뉴스타이다. 他　是　近年　来　崛起　於　<u>时事</u>　评论界　的　新星.

實 踐 실천 shíjiàn	眞實　真实 진실　zhēnshí 寫實　写实 사:실　xiěshí 現實　现实 현:실　xiànshí 現役　现役 현:역　xiànyì	實　踐　實　踐　实　践　实　践
		생활속의 실천(實踐)에서 참된 지식은 우러나온다. 生活　<u>实践</u>　出　真知.

愛 惜 애:석 àixī 잃은 게 아쉬움*	哀愁　哀愁 애수　āichóu 슬픈 시름 況且　况且 황:차　kuàngqiě 하물며 苟且　苟且 구:차　gǒuqiě 변변치 않음, 떳떳치 않음	愛　惜　愛　惜　爱　惜　爱　惜
		너는 자신을 소중히 여겨(愛惜)야 해! 你　要　<u>爱惜</u>　自己!

* 중국어에는 '아낀다'로, '잃은 것'이란 뜻이 없다. '잃은 것을 슬퍼한다'는 중국어는 '哀想 āixiǎng'이다. 다만, 한국어의 '애석哀惜'은 '슬퍼하며 아깝게 여김'이라 하나, '아깝다'는 점에서 '愛惜'과 혼동됨.

約束 약속 yuēshù 얽맴, 제약함	拘束　拘束 구속　jūshù 거북함 誓約　誓約 서:약　shìyuē 맹세함	約束　約束　约束　约束

극기란 자신을 극복하는 것이자, 자신을 제약(約束)하는 것이다.

克己 就 是 克制 自己, 也 就 是 约束 自己.

緣分 연분 yuánfèn 인연, 부부인연	分析　分析 분석　fēnxī 分裂　分裂 분열　fēnliè 分割　分割 분할　fēngē 內部　内部 내:부　nèibù	緣分　緣分　缘分　缘分

나는 이 세상에 숙명적인 인연(緣分)이 있을 거라는 걸 전혀 안 믿는다.

我 根本 不 相信 这 个 世界 上 会 有 宿命 的 缘分.

圓滿 원만 yuánmǎn	滿月　满月 만:월　mǎnyuè 보름달 充滿　充满 충만　chōngmǎn 月曆　月历 월력　yuèlì 달력	圓滿　圓滿　圓滿　圓滿

서클에서 거행했던 촬영행사는 원만(圓滿)히 마쳤습니다.

社团 举行 的 拍照 活动 圆满 结束.

悠久 유구 yōujiǔ 길고 오램	遙遠　遥远 요원　yáoyuǎn 疏遠　疏远 소원　shūyuǎn 永訣　永诀 영:결　yǒngjué 사별死別 永遠　永远 영:원　yǒngyuǎn	悠久　悠久　悠久　悠久

베이징은 매우 유구(悠久)한 중국 수도로서의 역사를 지닌다.

北京 具有 非常 悠久 的 中国 首都 历史.

履 歷 이:력 lǚlì 경력	歷史　　历史 역사　　lìshǐ 遍歷　　遍历↔遍走 편:력 biànlì↔biànzǒu 史蹟　　史迹 사:적　shǐjì	履 歷　履 歷　履 历　履 历

이력(履歷)서를 쓰는 건 뜻밖에도 간단한 일이 아니다.

写 履历 表 却 不 是 一 件 简单 的 事.

一 齊 일제 yīqí 한꺼번에	一瞬　　一瞬 일순　　yīshùn 一般　　一般 일반　　yībān 보통 第一　　第一 제:일　dìyī 唯一　　唯一 유일　　wéiyī	一 齊　一 齊　一 齐　一 齐

희열과 번뇌는 보통은 모두가 동시에(一齊) 찾아온다.

喜悦 和 烦恼, 通常 都 是 一齐 到访 的.

早 晚 조:만 zǎowǎn 시간을 다투어	晝夜　　昼夜 주야　　zhòuyè 昨夜　　昨夜 작야　　zuóyè	早 晚　早 晚　早 晚　早 晚

요 며칠 태양이 마침내 풀이 좀 꺾였으니, 조만(早晚)간 서늘한 기운이 생기기 시작할 것이다.

这 几 天 太阳 终于 要 下下 火, 早晚 开始 有 凉意.

週 末 주말 zhōumò	末尾　　末尾 말미　　mòwěi 週刊　　周刊 주간　　zhōukān 燕尾服　燕尾服 연:미복　yànwěifú	週 末　週 末　周 末　周 末

나는 이번 주말(週末)에 좋은 일이 생길지 말지 굉장히 알고 싶어.

我 很 想 知道 这 个 周末 发 不 发生 好事.

遵守 준:수 zūnshǒu	死守　死守 사:수　sǐshǒu 墨守　墨守 묵수　mòshǒu (묵자처럼*)고수함 墨竹　墨竹 묵죽　mòzhú	遵守　遵守　遵守　遵守
		너희는 공중질서를 준수(遵守)해야 한다. 你们　要　遵守　公共秩序.

* 묵자墨子는 전국시대 때, 성벽을 견고히 쌓고 수비하는 데 일가견을 지니고 있으면서, 성벽 건설 엔지니어 세계에 주로 요구되었을 법한 철학을 완성한 철학가이므로, 이런 관용어가 생김

地球 지구 dìqiú	餘地　餘地 여지　yúdì 地圖　地图 지도　dìtú 排球　排球 배구　páiqiú 排斥　排斥 배척　páichì	地球　地球　地球　地球
		어떤 사람들은 외계인이 지구(地球)에 온 적이 있을 거라고 말한다. 有 人 说 外星人 可能 来 过 地球.

倉卒 창졸 cāngcù 황급함	倉庫　仓库 창고　cāngkù 米倉　米仓 미창　mǐcāng 쌀창고 米穀　米谷 미곡　mǐgǔ 쌀, 쌀과 기타곡식	倉卒　倉卒　仓卒　仓卒
		그 당시 갈 때는, 창졸(倉卒)간에 가느라, 여러분께 작별을 고하지도 못했지요. 当初 走, 走 得 仓卒. 没有 向 大家 告别.

晴朗 청랑 qínglǎng 맑다	返照　返照 반:조　fǎnzhào 明朗　明朗 명랑　mínglǎng 밝음	晴朗　晴朗　晴朗　晴朗
		나는 맑은(晴朗) 날씨가 좋지만, 눈을 찌르는 햇빛이 싫기도 하다. 我 喜欢 晴朗 的 天气, 又 讨厌 刺眼 的 阳光.

透 明	聰明 聪明 총명 cōngmíng 照明 照明 조:명 zhàomíng	透 明 透 明 透 明 透 明
투명 tòumíng		중국의 어떤 평론에서는 국방비가 아직도 그다지 공개적이거나 투명(透明)하지 않다고 여긴다. 中国 有 些 评论 认为 军费 还 不够 公开 和 透明.
閑 暇	忙中閑 忙中闲 망중한 máng zhōng xián 바쁜 중의 여가 中央 中央 중앙 zhōngyāng	閑 暇 閑 暇 闲 暇 闲 暇
한가 xiánxiá 여가		오락이 없는 한가(閑暇)한 생활이란 무미건조할 거야. 没有 娱乐 的 闲暇 生活 是 枯燥 无味 的.
豪 華	夏至 夏至 하:지 xiàzhì 華夏 华夏 화하 Huáxià 한족의 최초국가 豪傑 豪杰 호걸 háojié 俊傑 俊杰 준:걸 jùnjié	豪 華 豪 華 豪 华 豪 华
호화 háohuá		최고급의 호화(豪華) 유람선 '동팡황허우'호가 진수하였다. 五星级 豪华 游船"东方皇后"号 上 水.
六 甲	甲子 甲子 갑자 jiǎzǐ 60갑자의 제1위 癸亥 癸亥 계:해 guǐhài 60갑자의 제60위 還甲 还甲 환갑 huánjiǎ	六 甲 六 甲 六 甲 六 甲
육갑 liùjiǎ 60갑자 곧, 60진법		천간: 갑, 을, 병, 정, 무, 기, 경, 신, 임, 계.(10진법) 天干: 甲, 乙, 丙, 丁, 戊, 己, 庚, 申, 壬, 癸.

干支 간지 gānzhī 천간과지지 곧, 10진법과 12진법	天干　天干 천간　tiāngān 10진법 서수체계 地支　地支 지지　dìzhī 12진법 서수체계	干	支	干	支	干	支	干	支

지지: 자, 축, 인, 묘, 진, 사, 오, 미, 신, 유, 술, 해.(12진법)

地支: 子, 丑, 寅, 卯, 辰, 巳, 午, 未, 辛, 酉, 戌, 亥.

제10과

허사 *

---

* 앞 절의 본문 가운데서 이미 다룬 허사는 이곳에 다시 따로 들지 않음

厥 궐 jué 그(것)	厥後　厥后 궐후　juéhòu 그 이후	厥	厥	厥	厥	厥	厥	厥	厥
其 기 qí 그(것)	其他　其他 기타　qítā 그 외	其	其	其	其	其	其	其	其
那 나 nà 저(것)	那間　那间 나간　nàjiān 그동안, 언제쯤	那	那	那	那	那	那	那	那
斯 사 sī 이(것)	斯文　斯文 사문　sīwén 유학자나 그 문화	斯	斯	斯	斯	斯	斯	斯	斯
我 아 wǒ 나	唯我　唯我 유아　wéiwǒ 유아독존唯我獨尊	我	我	我	我	我	我	我	我
汝 여 rǔ 너	汝輩　汝辈 여:배　rǔbèi 너희들	汝	汝	汝	汝	汝	汝	汝	汝
余 여 yú 나	余等　余等 여:등　yúděng	余	余	余	余	余	余	余	余

茲		茲	茲	茲	茲	茲	茲	茲	茲
자 zī 이	今茲　今茲 금자　jīnzī 금년, 지금								

之		之	之	之	之	之	之	之	之
지 zhī 그것,~의,가다	之字　之字 지자　zhīzì 갈지자								

此		此	此	此	此	此	此	此	此
차 cǐ 이(곳)	彼此　彼此 피:차　bǐcǐ 서로간								

他		他	他	他	他	他	他	他	他
타 ta 그	其他　其他 기타　qítā 나머지								

彼		彼	彼	彼	彼	彼	彼	彼	彼
피 bǐ 저(곳)	彼此　彼此 피:차　bǐcǐ 서로간								

● 부사류

皆		皆	皆	皆	皆	皆	皆	皆	皆
개 jiē 모두	皆伐　皆伐 개벌　jiēfá 모두 벌목하기								

豈		豈	豈	豈	豈	豈	豈	豈	豈
기 qǐ	豈有　豈有 기유　qǐyǒu 어찌 있으fi?								

孰 숙 shú 누구, 어찌	孰若　孰若 숙약　shúruò 어찌 필적하랴?	孰	孰	孰	孰	孰	孰	孰	孰
焉 언 yān 어찌, 종결사	焉敢　焉敢 언감　yāngǎn 어찌 감히	焉	焉	焉	焉	焉	焉	焉	焉
亦 역 yì 또한	亦是　亦是 역시　yìshì 또한	亦	亦	亦	亦	亦	亦	亦	亦
又 우 yòu	又新　又新 우:신　yòuxīn 다시금 새로이 함	又	又	又	又	又	又	又	又
只 지 zhǐ 다만	只今　只今 지금　zhǐjīn 현재	只	只	只	只	只	只	只	只
且 차 qiě 또, 잠깐, 장차	且置　且置 차:치　qiězhì 잠시 물려둠	且	且	且	且	且	且	且	且
奚 해 xī 어찌	奚琴　奚琴 해금　xīqín 악기이름	奚	奚	奚	奚	奚	奚	奚	奚

● 접속사류

| 但
단
dàn
다만, 그러나 | 但書　但书
단:서　dànshū
본문 뒤 예외 적기 | 但 | 但 | 但 | 但 | 但 | 但 | 但 | 但 |
| | | | | | | | | | |

| 雖
수
suī | 雖然　虽然
수연　suīrán
설사 그렇더라도 | 雖 | 雖 | 雖 | 雖 | 虽 | 虽 | 虽 | 虽 |
| | | | | | | | | | |

| 而
이
ér
~여서,~지만 | 而立　而立
이립　érlì
그래서 확립됨
사십이립四十而立 | 而 | 而 | 而 | 而 | 而 | 而 | 而 | 而 |
| | | | | | | | | | |

● 개사류

| 於
어
yú
~에 | 於于野談　於于野谈
어우야담　yúyú
　　　　yětán
조선때 설화집 | 於 | 於 | 於 | 於 | 于 | 于 | 于 | 于 |
| | | | | | | | | | |

| 于
우
yú
~에 | 於于野談　於于野谈
어우야담　yúyú
　　　　yětán
조선때 설화집 | 于 | 于 | 于 | 于 | 于 | 于 | 于 | 于 |
| | | | | | | | | | |

● 종결사류

| 也
야
yě
~이다, 종결사 | 也許　也许
야:허　yěxǔ
아마도 | 也 | 也 | 也 | 也 | 也 | 也 | 也 | 也 |
| | | | | | | | | | |

耶	有耶無耶　有耶无耶 유:야무야　yǒuyé 　　　　　　　wúyé 있었던가 없었던가 흐지부지한 모양	耶	耶	耶	耶	耶	耶	耶	耶
야 yé ~인가, 종결사									
兮	起兮　起兮 기혜　qǐxī 이는고여!	兮	兮	兮	兮	兮	兮	兮	兮
혜 xī ~이여, 감탄사									
乎	烏乎　乌乎 오호　wūhū 오호라! 슬픔 표현의 탄식	乎	乎	乎	乎	乎	乎	乎	乎
호 hū 감탄사, 의문사									
哉	哀哉　哀哉 애재　āizāi 슬프구나!	哉	哉	哉	哉	哉	哉	哉	哉
재 zāi 감탄사, 의문사									
矣	鮮矣　鲜矣 선의　xiǎnyǐ 드무니라!	矣	矣	矣	矣	矣	矣	矣	矣
의 yǐ 완료 등 종결사									

부록

교육용 기초한자(1,800자) 겸
한자능력검정시험 3급 배정한자(1,817자)*

---

* 교육용기초한자(1800자) 이외의 한자능력검정시험 3급 배정한자(17자)는 그 급수를 따로 표기하여 구분함.

가
佳 아름다울 가
假 거짓 가
價 값 가
加 더할 가
可 옳을 가
家 집 가
歌 노래 가
街 거리 가
架 시렁 가
暇 겨를 가

각
脚 다리 각
角 뿔 각
各 각자 각
閣 누각 각
刻 새길 각
覺 깨달을 각
却 물리칠 각

간
看 볼 간
間 사이 간
干 방패 간
刊 책펴낼 간
懇 간절할 간
簡 간략할 간
肝 간 간
姦 간사할 간
幹 줄기 간

갈
渴 목마를 갈

감
甘 달 감
敢 감히 감
減 덜 감
感 느낄 감
監 감독할 감
鑑 거울 감

갑
甲 갑옷 갑

강
强 강할 강
講 설명할 강
降 내릴 강/ 항복할 항
江 물 강
綱 벼리 강
鋼 강철 강
剛 굳셀 강
康 편안할 강

개
皆 모두 개
個 낱 개
改 고칠 개
開 열 개
蓋 덮을 개
介 끼일 개
概 대개 개
慨 슬퍼할 개

객
客 손 객

갱
更 다시 갱/ 고칠 경

거
擧 들 거
居 거처할 거
巨 클 거
去 갈 거
車 수레 거(차)/ 성씨 차
拒 막을 거
據 의거할 거
距 떨어질 거

건
乾 하늘 건
建 세울 건
健 건장할 건
件 사건 건

걸
傑 뛰어날 걸

검
檢 조사할 검
劍 칼 검
儉 검소할 검

격
激 격동할 격
擊 칠 격
格 격식 격
乞 빌 걸
隔 사이 격

견
犬 개 견
堅 굳셀 견
見 볼 견/ 나타날 현
肩 어깨 견
絹 비단 견
遣 보낼 견
牽 끌 견

결
決 정할 결
結 맺을 결
潔 깨끗할 결
缺 부족할 결
訣 이별할 결(3급)

겸
謙 겸손할 겸

兼 겸할 겸

경
敬 공경할 경
輕 가벼울 경
驚 놀랄 경
京 서울 경
經 다스릴 경
更 고칠 경/ 다시 갱
慶 경사 경
耕 밭갈 경
景 볕 경
庚 나이 경
競 다툴 경
鏡 거울 경
頃 이랑 경
警 경계할 경
境 지경 경
徑 지름길 경
竟 마침내 경
硬 굳을 경
傾 기울 경
卿 벼슬 경

계
計 셈할 계
界 지경 계
季 끝,철 계
溪 시내 계
癸 천간 계
鷄 닭 계
繼 이을 계
械 기계 계
契 맺을 계
啓 열 계
階 섬돌 계
係 걸릴 계
戒 경계할 계
系 이을 계
桂 계수나무 계
繫 맬 계

고
苦 괴로울 고
高 높을 고
古 옛 고
稿 원고 고
姑 시어미 고
孤 외로울 고
故 연고 고
告 알릴 고
固 굳을 고
考 살필 고
枯 마를 고
庫 창고 고
鼓 북 고
顧 돌아볼 고

곡
穀 곡식 곡
曲 굽을 곡
谷 골 곡
哭 울 곡

곤
坤 땅 곤
困 곤할 곤

골
骨 뼈 골

공
共 함께 공
公 공변될 공
工 장인 공
空 빌 공
功 공 공
攻 칠 공
恐 두려울 공
恭 공손할 공
孔 구멍 공
貢 바칠 공
供 이바지할 공

과
果 과실 과
科 과거 과
課 부과할 과
過 지날 과
誇 자랑할 과
寡 적을 과

곽
郭 성곽 곽

관
關 빗장 관
觀 볼 관
官 벼슬 관
管 대롱 관
館 집 관
冠 갓 관
寬 너그러울 관
貫 꿸 관
慣 익숙할 관

광
廣 넓을 광
光 빛 광
鑛 쇳돌 광
狂 미칠 광

괘
掛 걸 괘

괴
怪 괴이할 괴
愧 부끄러워할 괴
壞 무너질 괴
塊 흙덩이 괴

교
校 학교 교
敎 가르칠 교
橋 다리 교

부록 교육용 기초한자(1,800자) 겸 한자능력검정시험 3급 배정한자(1,817자)

交 사귈 교
較 비교할 교
巧 공교할 교
郊 들 교
矯 바로잡을 교

구
救 구원할 구
口 입 구
求 구할 구
九 아홉 구
舊 옛 구
句 글귀 구
久 오랠 구
究 궁구할 구
具 갖출 구
球 구슬 구
驅 몰 구
俱 함께 구
苟 진실로 구
丘 언덕 구
拘 거리낄 구
區 나눌 구
龜 거북 구(귀)/ 터질 균
懼 두려워할 구
狗 개 구
構 얽을 구

국
國 나라 국
菊 국화 국
局 판 국

군
君 임금 군
軍 군사 군
郡 고을 군
群 무리 군

굴
屈 굽을 굴

궁
弓 활 궁
宮 집 궁
窮 궁할 궁

권
勸 권할 권
權 권세 권
卷 책 권
拳 주먹 권
券 문서 권

궐
厥 그 궐

궤
軌 길 궤

귀
歸 돌아올 귀
貴 귀할 귀
鬼 귀신 귀
龜 거북 귀(구)/ 터질 균

규
規 법 규
叫 부르짖을 규
糾 모을 규

균
均 고를 균
菌 버섯 균

극
極 다할 극
劇 연극 극
克 이길 극

근
根 뿌리 근
勤 부지런할 근

근
近 가까울 근
僅 겨우 근
斤 근 근
謹 삼갈 근
筋 힘줄 근(4급)

글
契 나라이름 글/ 새길 계

금
禁 금할 금
今 이제 금
金 쇠 금/ 성씨 김
琴 거문고 금
禽 날짐승 금
錦 비단 금

급
及 미칠 급
給 줄 급
急 급할 급
級 등급 급

긍
肯 즐길 긍

기
起 일어날 기
氣 기운 기
幾 몇 기
旣 이미 기
己 몸 기
基 터 기
其 그 기
記 기록할 기
期 기약 기
技 재주 기
欺 속일 기
棄 버릴 기
忌 꺼릴 기
祈 빌 기

奇 기이할 기
騎 말탈 기
豈 어찌 기
紀 벼리 기
機 틀 기
旗 기 기
器 그릇 기
飢 주릴 기
畿 경기 기
企 꾀할 기
寄 부탁할 기
汽 증기 기(5급)

긴
緊 요긴할 긴

길
吉 길할 길

김
金 성씨 김/ 쇠 금

ㄴ

나
那 어찌 나

낙
諾 허락 낙

난
難 어려울 난
暖 따뜻할 난

남
南 남녘 남
男 사내 남

납
納 들일 납

內 들일 납/ 안 내

낭
娘 각시 낭

내
乃 이에 내
內 안 내/ 들일 납
耐 견딜 내
奈 어찌 내

녀
女 계집 녀

년
年 해 년

념
念 생각 념

녕
寧 편안할 녕

노
怒 성낼 노
努 힘쓸 노
奴 종 노

농
農 농사 농
뇌
惱 괴로와할 뇌
腦 머릿골 뇌

능
能 능할 능

니
泥 진흙 니

ㄷ

다
多 많을 다
茶 차 다

단
短 짧을 단
單 홑 단
但 다만 단
丹 붉을 단
端 끝 단
旦 아침 단
段 층계 단
斷 끊을 단
壇 제터 단
檀 박달나무 단
團 둥글 단

달
達 통달할 달

담
談 말씀 담
淡 맑을 담
擔 멜 담

답
答 대답할 답
畓 논 답
踏 밟을 답

당
當 마땅할 당
堂 집 당
唐 당나라 당
黨 무리 당
糖 엿 당

대
大 큰 대

代 대신할 대
對 대할 대
待 기다릴 대
貸 빌릴 대
隊 떼 대
帶 띠 대
臺 돈대 대

덕
德 큰 덕

도
道 길 도
島 섬 도
到 이를 도
度 법도 도
　헤아릴 탁
圖 그림 도
刀 칼 도
都 도읍 도
徒 무리 도
盜 도둑 도
桃 복숭아 도
稻 벼 도
途 길 도
倒 넘어질 도
跳 뛸 도
導 인도할 도
逃 달아날 도
挑 돋울 도
陶 질그릇 도
渡 건널 도
塗 진흙 도

독
讀 읽을 독/ 글귀 두
獨 홀로 독
督 감독할 독
毒 독할 독
篤 두터울 독

돈
敦 두터울 돈
豚 돼지 돈

돌
突 부딪칠 돌

동
動 움직일 동
冬 겨울 동
東 동녘 동
同 한가지 동
童 아이 동
洞 고을 동
　통할 통
銅 구리 동
凍 얼 동

두
豆 콩 두
頭 머리 두
斗 말 두
讀 글귀 두/ 읽을 독

둔
鈍 무딜 둔
屯 진칠 둔

득
得 얻을 득

등
燈 등잔 등
登 오를 등
等 무리 등
騰 오를 등

ㄹ

라
羅 그물 라

락
樂 즐길 락/풍류 악/ 좋아할 요
落 떨어질 락
絡 이을 락

란
卵 알 란
亂 어지러울 란
蘭 난초 란
欄 난간 란

람
濫 넘칠 람
覽 볼 람

랑
郎 사내 랑
浪 물결 랑
廊 행랑 랑
朗 밝을 랑(5급)

래
來 올 래

랭
冷 찰 랭

략
略 간략할 략
掠 노략질할 략

량
兩 둘 량
良 어질 량
量 헤아릴 량
凉 서늘할 량
諒 살필 량
梁 들보 량
糧 양식 량

려
旅 나그네 려

麗 고울 려
慮 생각할 려
勵 힘쓸 려

력
力 힘 력
歷 지낼 력
曆 책력 력

련
練 익힐 련
連 이을 련
戀 사모할 련
聯 잇닿을 련
憐 불쌍히여길 련
鍊 단련할 련
蓮 연꽃 련

렬
烈 매울 렬
列 벌일 렬
劣 용렬할 렬
裂 찢을 렬

렴
廉 청렴할 렴

렵
獵 사냥 렵

령
令 명령할 령
領 거느릴 령
靈 신령 령
嶺 재 령
零 떨어질 령

례
禮 예도 례
例 법식 례
隷 종 례

로
路 길 로
老 늙을 로
勞 수고로울 로
露 이슬 로
爐 화로 로

록
綠 푸를 록
鹿 사슴 록
錄 기록할 록
祿 복 록

론
論 의논할 론

롱
弄 희롱할 롱

뢰
賴 의지할 뢰
雷 우레 뢰

료
料 헤아릴 료
了 마칠 료
僚 벼슬아치 료

룡
龍 용 룡

루
漏 샐 루
樓 다락 루
淚 눈물 루
累 여러 루
屢 자주 루

류
留 머무를 류
柳 버들 류

流 흐를 류
類 무리 류

륙
六 여섯 륙
陸 뭍 륙

륜
倫 인륜 륜
輪 바퀴 륜

률
律 법 률
率 비율 률
栗 밤 률

륭
隆 성할 륭

릉
陵 언덕 릉

리
里 마을 리
理 다스릴 리
利 이로울 리
履 밟을 리
梨 배 리
吏 관리 리
李 오얏 리
裏 속 리
離 떠날 리

린
隣 이웃 린

림
林 수풀 림
臨 임할 림

 어휘실력한자

립
立 설 립

ㅁ

마
馬 말 마
麻 삼 마
磨 갈 마

막
莫 아닐 막
漠 사막 막
幕 장막 막

만
萬 일만 만
晚 늦을 만
滿 찰 만
慢 거만할 만
漫 부질없을 만

말
末 끝 말

망
忘 잊을 망
望 바랄 망
亡 망할 망
忙 바쁠 망
罔 없을 망
妄 망녕될 망
茫 망망할 망

매
妹 손아랫누이 매
每 매양 매
賣 팔 매
買 살 매
媒 중매 매

埋 묻을 매
梅 매화나무 매

맥
麥 보리 맥
脈 맥 맥

맹
孟 맏 맹
盟 맹세할 맹
盲 소경 맹
猛 사나울 맹

면
面 낯 면
眠 잠잘 면
免 면할 면
勉 힘쓸 면
綿 솜 면

멸
滅 멸망할 멸

명
名 이름 명
命 목숨 명
明 밝을 명
鳴 울 명
銘 새길 명
冥 어두울 명

모
母 어미 모
毛 털 모
暮 저물 모
貌 모양 모
某 아무 모
謀 꾀할 모
模 법 모
募 뽑을 모
慕 사모할 모

侮 업신여길 모
冒 무릅쓸 모

목
目 눈 목
木 나무 목
牧 기를 목
睦 화목할 목

몰
沒 빠질 몰

몽
夢 꿈 몽
蒙 어릴 몽

묘
卯 토끼 묘
妙 묘할 묘
墓 무덤 묘
廟 사당 묘
苗 싹 묘

무
務 힘쓸 무
戊 천간 무
武 호반 무
無 없을 무
舞 춤출 무
茂 무성할 무
霧 안개 무
貿 무역할 무

묵
墨 먹 묵
默 말없을 묵

문
門 문 문
問 물을 문
文 글월 문

문
聞 들을 문
紋 무늬 문(3급)

물
物 만물 물
勿 말 물

미
味 맛 미
尾 꼬리 미
未 아닐 미
美 아름다울 미
米 쌀 미
迷 미혹할 미
微 작을 미
眉 눈썹 미

민
民 백성 민
憫 불쌍히여길 민
敏 민첩할 민

밀
密 빽빽할 밀
蜜 꿀 밀

ㅂ

박
朴 순박할 박
博 넓을 박
拍 손뼉칠 박
泊 배댈 박
迫 핍박할 박
薄 얇을 박

반
反 돌이킬 반
半 반 반
飯 밥 반

반
返 돌아올 반
盤 쟁반 반
班 나눌 반
叛 배반할 반
般 옮길 반
伴 짝 반

발
發 필 발
拔 뺄 발
髮 머리털 발

방
方 모 방
訪 찾을 방
防 방비할 방
放 놓을 방
房 방 방
邦 나라 방
妨 방해할 방
傍 곁 방
倣 본받을 방
芳 꽃다울 방

배
杯 잔 배
拜 절 배
倍 곱 배
北 달아날 배
　북녘 북
培 북돋을 배
背 등 배
排 물리칠 배
配 짝 배
輩 무리 배

백
百 일백 백
白 흰 백
伯 맏 백

번
番 차례 번
飜 뒤집을 번
繁 번성할 번
煩 번거로울 번

벌
伐 칠 벌
罰 벌줄 벌

범
凡 무릇 범
範 법 범
犯 범할 범

법
法 법 법

벽
碧 푸를 벽
壁 바람벽 벽

변
便 대소변 변/ 편할 편
變 변할 변
邊 가 변
辯 말잘할 변
辨 분별할 변

별
別 다를 별

병
丙 남녘 병
兵 군사 병
病 병들 병
屛 병풍 병
竝 아우를 병

보
保 보호할 보

步 걸음 보
報 갚을 보
譜 계보 보
補 도울 보
普 넓을 보
寶 보배 보

복
復 회복할 복/ 다시 부
服 옷 복
伏 엎드릴 복
福 복 복
卜 점칠 복
複 겹칠 복
腹 배 복
覆 뒤집힐 복/ 덮을 부

본
本 근본 본

봉
逢 만날 봉
奉 받들 봉
鳳 새 봉
蜂 벌 봉
峯 봉우리 봉
封 봉할 봉

부
父 아비 부
否 아니 부
扶 도울 부
浮 뜰 부
部 붙을 부
婦 며느리 부
夫 사내 부
富 부자 부
復 다시 부/ 회복할 복
賦 구실 부
赴 다다를 부
副 버금 부

簿 장부 부
符 부적 부
負 짐질 부
付 줄 부
附 붙을 부
府 마을 부
腐 썩을 부
覆 덮을 부/ 뒤집힐 복

북
北 북녘 북/ 달아날 배

분
分 나눌 분
憤 분할 분
紛 어지러울 분
奔 달아날 분
墳 무덤 분
奮 떨칠 분
粉 가루 분

불
不 아닐 불
佛 부처 불
拂 떨 불

붕
朋 벗 붕
崩 무너질 붕

비
悲 슬플 비
鼻 코 비
飛 날 비
比 견줄 비
非 아닐 비
備 갖출 비
妃 왕비 비
費 소비할 비
婢 계집종 비
肥 살찔 비

卑 낮을 비
批 비평할 비
碑 비석 비
秘 숨길 비

빈
貧 가난할 빈
頻 자주 빈
賓 손 빈

빙
氷 얼음 빙
聘 청할 빙

ㅅ

사
寺 절 사
師 스승 사
四 넉 사
仕 벼슬 사
死 죽을 사
士 선비 사
使 하여금 사
絲 실 사
事 일 사
思 생각할 사
舍 집 사
史 역사 사
謝 사례할 사
巳 뱀 사
私 사사 사
射 쏠 사/ 맞힐 석
邪 간사할 사/ 어조사 야
詞 말씀 사
蛇 뱀 사
捨 버릴 사
賜 줄 사
斜 비낄 사
詐 속일 사

社 모일 사
沙 모래 사
司 맡을 사
似 같을 사
祀 제사 사
査 조사할 사
寫 베낄 사
辭 말씀 사
斯 이 사
食 밥 사/ 먹을 식

삭
削 깍을 삭
朔 초하루 삭
數 자주 삭/ 셈 수

산
山 메 산
算 셈할 산
散 흩을 산
産 낳을 산

살
殺 죽일 살/ 덜, 빠를 쇄

삼
三 석 삼
參 석 삼/ 참여할 참
森 나무 빽빽할 삼(3급)

상
上 위 상
尙 오히려 상
霜 서리 상
商 장사 상
相 서로 상
常 항상 상
傷 상할 상
賞 상줄 상
想 생각할 상
喪 잃을 상

像 형상 상
床 평상 상
償 갚을 상
詳 자세할 상
狀 형상 상/ 문서 장
象 코끼리 상
桑 뽕나무 상
裳 치마 상
祥 상서로울 상
嘗 맛볼 상

쌍
雙 둘 쌍

새
塞 변방 새/ 막을 색

색
色 빛 색
索 찾을 색
塞 막을 색/ 변방 새

생
生 날 생
省 덜 생/ 살필 성

서
西 서녘 서
書 글 서
暑 더위 서
序 차례 서
署 관청 서
敍 펼 서
緖 실마리 서
庶 여럿 서
徐 천천히할 서
恕 용서할 서
誓 맹세할 서
逝 갈 서

석
夕 저녁 석
石 돌 석
惜 아낄 석
昔 옛 석
釋 풀 석
席 자리 석
析 쪼갤 석
射 맞힐 석/ 쏠 사

선
仙 신선 선
線 실 선
先 먼저 선
鮮 고울 선
船 배 선
選 가릴 선
善 착할 선
旋 돌 선
宣 베풀 선
禪 고요할 선

설
說 말씀 설/ 기쁠 열/ 달랠 세
雪 눈 설
設 베풀 설
舌 혀 설

섭
涉 건널 섭
攝 당길 섭

성
姓 성 성
城 재 성
誠 성실할 성
省 살필 성/ 덜 생
成 이룰 성
聖 성인 성
星 별 성
性 성품 성

부록 교육용 기초한자(1,800자) 겸 한자능력검정시험 3급 배정한자(1,817자)

聲 소리 성
盛 성할 성

세
稅 세금 세
世 인간 세
歲 해 세
細 가늘 세
勢 기세 세
洗 씻을 세
說 달랠 세/ 말씀 설/ 기쁠 열

소
笑 웃을 소
小 작을 소
少 적을 소
所 바 소
消 끌 소
素 바탕 소
蘇 깨어날 소
昭 밝을 소
騷 시끄러울 소
燒 불사를 소
訴 소송할 소
掃 쓸 소
召 부를 소
蔬 나물 소
疎 성길 소

속
速 빠를 속
續 이을 속
俗 풍속 속
束 묶을 속
屬 붙을 속/ 부탁할 촉
粟 조 속

손
孫 손자 손
損 덜 손

송
送 보낼 송
松 소나무 송
訟 소송할 송
誦 욀 송
頌 칭송할 송

쇄
刷 인쇄할 쇄
鎖 쇠사슬 쇄
殺 덜, 빠를 쇄/ 죽일 살

쇠
衰 쇠할 쇠/ 상복 최

수
讐 원수 수
愁 근심 수
水 물 수
手 손 수
受 받을 수
數 수 수/ 자주 삭
收 거둘 수
守 지킬 수
授 줄 수
壽 장수할 수
雖 비록 수
樹 나무 수
修 닦을 수
首 머리 수
秀 빼어날 수
須 모름지기 수
獸 짐승 수
遂 마침내 수
睡 잠잘 수
輸 보낼 수
殊 다를 수
帥 장수 수
需 쓸 수
隨 따를 수
囚 죄인 수

垂 드리울 수
搜 찾을 수

숙
淑 맑을 숙
宿 잠잘 숙
叔 아재비 숙
肅 엄숙할 숙
熟 익을 숙
孰 누구 숙

순
順 따를 순
純 순수할 순
循 돌 순
巡 순행할 순
瞬 눈깜짝할 순
殉 따라죽을 순
旬 열흘 순
脣 입술 순

술
戌 개 술
術 재주 술
述 베풀 술

숭
崇 숭상할 숭

습
習 익힐 습
拾 주을 습
濕 젖을 습
襲 엄습할 습

승
勝 이길 승
乘 탈 승
承 이을 승
昇 오를 승
僧 중 승

시
時 때 시
市 시장 시
詩 시 시
示 보일 시
始 시작할 시
試 시험할 시
是 이 시
施 베풀 시
視 볼 시
侍 시중할 시
矢 화살 시

씨
氏 성씨 씨

식
植 심을 식
食 먹을 식/ 밥 사
式 법 식
識 알 식/ 기록할 지
飾 꾸밀 식
息 숨쉴 식

신
新 새로울 신
身 몸 신
信 믿을 신
神 신 신
臣 신하 신
辛 매울 신
申 잘내비 신
伸 펼 신
愼 삼갈 신
晨 새벽 신
辰 별 신(진)

실
室 집 실
失 잃을 실
實 열매 실

심
心 마음 심
深 깊을 심
甚 심할 심
尋 찾을 심
審 살필 심

십
十 열 십

ㅇ

아
我 나 아
兒 아이 아
芽 싹 아
亞 버금 아
雅 아담할 아
餓 배주릴 아
牙 어금니 아
阿 언덕 아(3급)

악
惡 사악할 악/ 미워할 오
岳 큰 산 악
樂 풍류 악/ 즐길 락/ 좋아할 요

안
顔 얼굴 안
案 책상 안
安 편안할 안
眼 눈 안
岸 언덕 안
雁 기러기 안

알
謁 아뢸 알

암
巖 바위 암

暗 어두울 암

압
壓 누를 압
押 누를 압

앙
仰 우러를 앙
央 중앙 앙
殃 재앙 앙

애
愛 사랑할 애
哀 슬플 애
涯 물가 애

액
額 이마 액
厄 재앙 액
液 진 액(4급)

야
野 들 야
夜 밤 야
也 어조사 야
耶 어조사 야/ 간사할 사

약
藥 약 약
弱 약할 약
若 만약 약
約 약속할 약
躍 뛸 약

양
洋 바다 양
讓 사양할 양
陽 볕 양
羊 양 양
養 기를 양
揚 날릴 양

樣 모양 양
壤 흙 양
楊 버들 양

어
魚 고기 어
漁 고기잡을 어
語 말씀 어
於 어조사 어
御 모실 어

억
億 억 억
憶 기억할 억
抑 누를 억

언
言 말씀 언
焉 어조사 언

엄
嚴 엄할 엄

업
業 일 업

여
如 같을 여
余 나 여
汝 너 여
餘 남을 여
與 줄 여
予 나 여
輿 수레 여

역
亦 또 역
逆 거스를 역
易 바꿀 역/ 쉬울 이
疫 전염병 역
驛 역마 역

役 부릴 역
域 지경 역
譯 통역할 역

연
煙 연기 연
硏 연구할 연
然 그러할 연
燕 제비 연
燃 불탈 연
演 연기할 연
鉛 납 연
延 끌 연
軟 연할 연
沿 물따라 갈 연
宴 연회 연
緣 인연 연

열
熱 뜨거울 열
悅 기쁠 열
說 기쁠 열/ 말씀 설/ 달랠 세
閱 검열할 열

염
炎 불꽃 염
鹽 소금 염
染 물들 염

엽
葉 입 엽

영
榮 영화로울 영
永 영원할 영
英 영웅 영
迎 맞을 영
影 그림자 영
泳 헤엄칠 영
營 경영할 영
映 영화 영

詠 읊을 영

예
藝 기예 예
豫 기쁠 예
譽 명예로울 예
銳 날카로울 예

오
吾 나 오
五 다섯 오
午 낮 오
悟 깨달을 오
誤 그릇될 오
烏 까마귀 오
嗚 탄식할 오
娛 즐거워할 오
汚 더러울 오
傲 거만할 오
惡 미워할 오
사악할 악

옥
屋 집 옥
玉 구슬 옥
獄 감옥 옥

온
溫 따뜻할 온

옹
翁 늙은이 옹
擁 안을 옹

와
臥 누울 와
瓦 기와 와

완
完 마칠 완
緩 느릴 완

왈
日 말할 왈

왕
王 임금 왕
往 갈 왕

외
外 바깥 외
畏 두려워할 외

요
要 중요할 요
搖 흔들 요
謠 노래 요
腰 허리 요
遙 멀 요
樂 좋아할 요/ 즐길 락/ 풍류 악
曜 빛날 요(5급)

욕
欲 하고자할 욕
浴 목욕할 욕
辱 욕할 욕
慾 욕심 욕

용
用 쓸 용
容 얼굴 용
勇 용감할 용
庸 떳떳할 용

우
宇 집 우
憂 우수할 우
右 오른 우
雨 비 우
友 벗 우
牛 소 우
又 또 우
遇 만날 우

우
尤 더욱 우
于 어조사 우
羽 깃 우
愚 어리석을 우
優 우수할 우
郵 우편 우
偶 짝 우

운
雲 구름 운
云 이를 운
運 옮길 운
韻 운치 운

웅
雄 웅장할 웅

원
圓 둥글 원
遠 멀 원
怨 원망할 원
願 원할 원
原 근원 원
園 동산 원
元 으뜸 원
員 인원 원
援 도울 원
源 근원 원
院 집 원

월
月 달 월
越 뛰어넘을 월

위
位 자리 위
危 위험할 위
爲 할 위
偉 위대할 위
威 으를 위
緯 씨줄 위

위
胃 위장 위
圍 에워쌀 위
委 맡길 위
衛 호위할 위
違 어길 위
慰 위로할 위
謂 말할 위
僞 거짓 위

유
唯 오직 유
油 기름 유
幼 어릴 유
有 있을 유
遊 놀 유
由 말미암을 유
遺 남길 유
柔 부드러울 유
酉 닭 유
猶 같을 유
儒 선비 유
幽 그윽할 유
惟 생각할 유
維 이을 유
乳 젖 유
裕 넉넉할 유
誘 꾀일 유
悠 한가할 유
愈 나을 유

육
肉 고기 육
育 기를 육

윤
潤 윤택할 윤
閏 윤날 윤

은
恩 은혜 은
銀 은행 은

隱 숨을 은

을
乙 새을

음
音 소리 음
吟 읊을 음
陰 그늘 음
飮 마실 음
淫 음란할 음

읍
邑 고을 읍
泣 울 읍

응
應 대답할 응
凝 엉길 응

의
醫 의원 의
意 뜻 의
衣 옷 의
依 의지할 의
義 옳을 의
議 의논할 의
矣 어조사 의
儀 거동 의
疑 의심할 의
宜 마땅할 의

이
二 둘 이
以 써 이
異 다를 이
移 옮길 이
耳 귀 이
已 이미 이
而 말이을 이
夷 오랑캐 이

易 쉬울 이/ 바꿀 역

익
益 더할 익
翼 날개 익

인
忍 참을 인
因 인할 인
人 사람 인
印 도장 인
引 이끌 인
仁 어질 인
認 인정한 인
寅 범 인
姻 혼인할 인

일
日 날 일
一 한 일
逸 뛰어날 일

임
壬 천간 임
任 맡길 임
賃 품삯 임

입
入 들 입

ㅈ

자
子 아들 자
自 스스로 자
字 글자 자
者 사람 자
姉 누이 자
慈 인자할 자
資 재물 자

姿 맵시 자
刺 찌를 자
玆 이 자
恣 방자할 자
紫 자색 자

작
作 지을 작
昨 어제 작
酌 짐작할 작
爵 벼슬 작

잔
殘 남을 잔

잠
潛 잠길 잠
暫 잠깐 잠

잡
雜 잡될 잡

장
長 길 장
將 장수 장
場 마당 장
章 글 장
壯 장할 장
丈 어른 장
障 막힐 장
臟 오장 장
奬 권장할 장
張 베풀 장
裝 꾸밀 장
藏 감출 장
帳 휘장 장
腸 창자 장
墻 담 장
葬 장사지낼 장
莊 씩씩할 장
粧 단장할 장

掌 손바닥 장
狀 문서 장/ 형상 상

재
在 있을 재
再 또 재
財 재물 재
材 재목 재
才 재주 재
栽 심을 재
哉 어조사 재
災 재앙 재
裁 마를 재
載 실을 재
齊 재계할 재/ 가지런할 제
宰 재상 재

쟁
爭 다툴 쟁

저
貯 쌓을 저
低 낮을 저
著 드러날 저
底 바닥 저
抵 막을 저
諸 어조사 저/ 모두 제

적
的 과녁 적
赤 붉을 적
適 갈 적
敵 원수 적
寂 적막할 적
籍 서적 적
積 쌓을 적
績 길쌈 적
賊 도둑 적
摘 딸 적
跡 발자취 적
滴 물방울 적

蹟 자취 적(3급)
笛 피리 적(3급)

전
典 법 전
前 앞 전
田 밭 전
全 온전할 전
錢 돈 전
展 전시할 전
戰 전쟁 전
電 전기 전
專 오로지 전
轉 구를 전
傳 전할 전
殿 대궐 전

절
絶 끊을 절
節 마디 절
折 꺾을 절
切 끊을 절/ 모두 체
竊 훔칠 절

점
店 점포 점
漸 점차 점
占 점칠 점
點 점 점

접
接 맞을 접
蝶 나비 접

정
正 바를 정
井 우물 정
淨 깨끗할 정
定 정할 정
丁 고무레 정
停 머무를 정

庭 정원 정
政 정치 정
精 세밀할 정
情 정감 정
貞 곧을 정
頂 꼭대기 정
靜 고요할 정
亭 정자 정
訂 바로잡을 정
廷 조정 정
程 법 정
征 칠 정
整 정돈할 정

제
弟 아우 제
第 차례 제
製 지을 제
祭 제사 제
題 제목 제
帝 황제 제
諸 모두 제/ 어조사 저
除 제할 제
提 끌 제
齊 가지런할 제/ 재계할 재
際 때 제
濟 구제할 제
制 억제할 제
堤 방죽 제

조
兆 조 조
助 도울 조
鳥 새 조
早 이를 조
造 만들 조
朝 아침 조
祖 할아비 조
調 고를 조
租 세금 조
照 비칠 조

組 짤 조
燥 마를 조
條 가지 조
操 잡을 조
潮 조수 조
弔 조상할 조

족
足 발 족
族 겨레 족

존
存 있을 존
尊 높을 존

졸
卒 군사 졸
拙 옹졸할 졸

종
種 씨 종
鍾 종 종
終 마칠 종
從 따를 종
宗 마루 종
縱 세로 종

좌
坐 앉을 좌
左 왼 좌
佐 도울 좌
座 자리 좌

죄
罪 죄 죄

주
宙 우주 주
主 주인 주
酒 술 주
走 달릴 주

朱 붉을 주
注 물댈 주
晝 낮 주
住 살 주
舟 배 주
株 그루 주
周 두루 주
柱 기둥 주
州 고을 주
洲 물가 주
奏 아뢸 주
珠 구슬 주
鑄 쇠부어 만들 주
週 돌 주(5급)

죽
竹 대 죽

준
準 법도 준
俊 준걸 준
遵 따라갈 준

중
中 가운데 중
重 무거울 중
衆 무리 중
仲 버금 중

즉
卽 곧 즉
則 곧 즉/ 법칙 칙

증
證 증거 증
曾 일찍 증
增 증가할 증
蒸 찔 증
憎 미워할 증
症 병세 증
贈 줄 증

지
只 다만 지
支 가지 지
之 갈 지
地 땅 지
知 알 지
止 그칠 지
紙 종이 지
指 가리킬 지
持 지탱할 지
至 다다를 지
志 뜻 지
枝 가지 지
池 못 지
誌 기록할 지
遲 더딜 지
智 지혜 지
識 기록할지/ 알 식

직
直 곧을 직
職 직분 직
織 짤 직

진
盡 다할 진
辰 별 진(신)
進 나아갈 진
眞 참 진
陣 진칠 진
振 떨칠 진
鎭 진압할 진
珍 보배 진
陳 베풀 진
震 벼락 진

질
質 바탕 질
疾 병 질
姪 조카 질
秩 질서 질

집
執 잡을 집
集 모을 집

징
徵 부를 징
懲 징계할 징

차
此 이 차
次 버금 차
借 빌 차
且 또 차
差 어긋날 차
車 성씨 차/ 수레 거(차)

착
着 붙을 착
錯 섞일 착
捉 잡을 착

찬
贊 찬성할 찬
讚 칭찬할 찬

찰
察 살필 찰

참
參 참가할 참/ 석 삼
慘 참혹할 참
慙 부끄러울 참

창
昌 창성할 창
唱 노래부를 창
窓 창 창
倉 창고 창

창
蒼 푸를 창
暢 화창할 창
創 비롯할 창

채
菜 나물 채
採 캘 채
彩 무늬 채
債 빚질 채

책
責 꾸짖을 책
冊 책 책
策 꾀 책

처
妻 아내 처
處 곳 처

척
尺 자 척
斥 내칠 척
拓 던질 척
戚 친척 척

천
千 일천 천
天 하늘 천
川 내 천
泉 샘 천
淺 얕을 천
薦 추천할 천
遷 옮길 천
踐 밟을 천
賤 천할 천

철
鐵 쇠 철
哲 밝을 철
徹 뚫을 철

첨
添 더할 첨
尖 뾰족할 첨

첩
妾 첩 첩

청
靑 푸를 청
晴 갤 청
請 청할 청
淸 맑을 청
聽 들을 청
廳 관청 청

체
體 몸 체
替 바꿀 체
切 모두 체/ 끊을 절
滯 막힐 체
逮 미칠 체
遞 번갈아 체

초
草 풀 초
初 처음 초
招 부를 초
超 뛰어넘을 초
抄 베낄 초
肖 같을 초
礎 초석 초
秒 시간단위 초

촉
促 재촉할 촉
觸 닿을 촉
燭 촛불 촉
屬 부탁할 촉/ 붙을 속

촌
村 마을 촌

寸 마디 촌

총
聰 귀밝을 총
銃 총 총
總 거느릴 총

최
最 최고 최
催 재촉할 최
衰 상복 최/ 쇠할 소

추
秋 가을 추
追 좇을 추
推 밀 추
抽 뽑을 추
醜 더러울 추

축
祝 축하할 축
丑 소 축
築 지을 축
蓄 쌓을 축
逐 쫓을 축
畜 가축 축
縮 줄 축

춘
春 봄 춘

출
出 날 출

충
忠 충성 충
蟲 벌레 충
充 채울 충
衝 충돌할 충

취
吹 불 취
取 취할 취
就 나아갈 취
臭 냄새 취
醉 취할 취
趣 주창할 취

측
側 곁 측
測 측량할 측

층
層 층 층

치
致 이를 치
治 다스릴 치
齒 이빨 치
恥 부끄러울 치
置 둘 치
値 값 치
稚 어릴 치(3급)

칙
則 법 칙/ 곧 즉

친
親 친할 친

칠
七 일곱 칠
漆 옻칠할 칠

침
針 바늘 침
枕 베개 침
沈 잠길 침
浸 적실 침
侵 침략할 침
寢 잠잘 침

칭
稱 칭할 칭

쾌
快 쾌할 쾌

ㅌ

타
他 다를 타
打 때릴 타
墮 떨어질 타
妥 온당할 타

탁
濯 빨 탁
托 맡길 탁
濁 탁할 탁
度 헤아릴 탁/ 법도 도
卓 탁자 탁

탄
炭 숯 탄
彈 퉁길 탄
歎 탄식할 탄
誕 태어날 탄

탈
脫 벗어날 탈
奪 빼앗을 탈

탐
探 찾을 탐
貪 탐낼 탐

탑
塔 탑 탑

탕
湯 국 탕

태
泰 클 태
太 클 태
態 태도 태
怠 게으를 태
殆 위태로울 태

택
宅 집 택
擇 택할 택
澤 못 택

토
土 흙 토
吐 뱉을 토
討 토론할 토
兎 토끼 토(3급)

통
通 통할 통
統 거느릴 통
痛 아플 통
洞 통할 통/ 고을 동

퇴
退 물러갈 퇴
推 밀 퇴/ 미룰 추

투
投 던질 투
透 사무칠 투
鬪 싸울 투

특
特 특별할 특

ㅍ

파
波 물결 파
破 깨뜨릴 파
派 물결 파
播 씨뿌릴 파
罷 파할 파
頗 자못 파
把 잡을 파

판
判 판단할 판
板 널 판
版 조각 판
販 팔 판

팔
八 여덟 팔

패
貝 조개 패
敗 질 패

편
片 조각 편
便 편할 편/ 대소변 변
篇 책 편
編 엮을 편
遍 두루 편
偏 치우칠 편

평
平 평평할 평
評 평론할 평

폐
閉 닫을 폐
幣 화폐 폐
廢 폐할 폐
蔽 가릴 폐
弊 폐단 폐
肺 허파 폐

포
布 베 포
抱 안을 포
暴 사나울 포/ 드러날 폭
包 쌀 포
胞 태 포
飽 배부를 포
浦 물가 포
捕 잡을 포
砲 대포 포(4급)

폭
暴 드러날 폭/ 사나울 포
爆 폭발할 폭
幅 넓이 폭

표
表 겉 표
票 쪽지 표
標 표할 표
漂 뜰 표

품
品 물건 품

풍
風 바람 풍
豊 풍성할 풍
楓 단풍나무 풍(3급)

피
皮 가죽 피
彼 저 피
疲 파리할 피
被 입을 피
避 피할 피

필
匹 짝 필
必 반드시 필
筆 붓 필
畢 마칠 필

ㅎ

하
下 아래 하
何 어찌 하
夏 여름 하
河 물 하
賀 축하할 하
荷 멜 하

학
學 배울 학
鶴 학 학

한
恨 한맺힐 한
寒 추울 한
閑 한가할 한
限 한계 한
漢 한나라 한
韓 한나라 한
汗 땀 한
旱 가물 한

할
割 벨 할

함
咸 다 함
含 머금을 함
陷 빠질 함

합
合 합할 합

항
抗 대항할 항
恒 항상 항
巷 거리 항
航 물건널 항
項 목 항
港 항구 항
行 항오 항/ 다닐 행
降 항복할 항/ 내릴 강

해
亥 돼지 해
害 해할 해
海 바다 해
奚 어조사 해
解 풀 해
該 해당할 해

핵
核 씨 핵

행
行 다닐 행/ 항오 항
幸 다행 행

향
向 향할 향
享 누릴 향
香 향기 향
鄕 고을 향
響 소리 향

허
許 허락할 허
虛 빌 허

헌
軒 동헌 헌
憲 법 헌
獻 드릴 헌

험
險 험할 험
驗 시험할 험

혁
革 가죽 혁

현
玄 검을 현
現 드러날 현
絃 악기줄 현
賢 어질 현
縣 고을 현
懸 매달 현
顯 나타날 현
見 나타날 현/ 볼 견

혈
穴 구멍 혈
血 피 혈

협
協 도울 협
脅 으를 협
嫌 싫어할 혐

형
兄 맏 형
刑 형벌 형
亨 형통할 형
形 형상 형
螢 반딧불 형
衡 저울대 형

혜
兮 어조사 혜
惠 은혜 혜
慧 지혜 혜

호
互 서로 호

戶 지게 호
乎 어조사 호
好 좋을 호
呼 부를 호
虎 호랑이 호
胡 오랑캐 호
浩 넓을 호
毫 터럭 호
湖 호수 호
號 부를 호
豪 호걸 호
護 보호할 호

혹
或 혹 혹
惑 의혹될 혹

혼
婚 혼인할 혼
昏 어두울 혼
混 섞일 혼
魂 혼백 혼

홀
忽 문득 홀

홍
弘 클 홍
洪 넓을 홍
紅 붉을 홍
鴻 기러기 홍

화
火 불 화
化 화할 화
禾 벼 화
花 꽃 화
和 화합할 화
貨 재물 화
華 빛날 화
畵 그림 화 / 그을 획

話 말씀 화
禍 재화 화

확
確 확실할 확
擴 늘릴 확
穫 거둘 확

환
丸 구슬 환
患 근심 환
換 바꿀 환
還 돌 환
環 고리 환
歡 기쁠 환

활
活 살 활

황
況 하물며 황
荒 황무지 황
皇 임금 황
黃 누를 황

회
回 돌아올 회
悔 후회할 회
會 모을 회
懷 품을 회
灰 재 회(4급)

획
劃 그을 획
獲 얻을 획
畫 그을 획/ 그림 화

횡
橫 가로 횡

효
孝 효도 효

效 본받을 효
曉 새벽 효

후
侯 제후 후
厚 두터울 후
後 나중 후
候 날씨 후

훈
訓 가르칠 훈

훼
毀 헐 훼

휘
揮 휘두를 휘
輝 빛날 휘

휴
休 쉴 휴
携 이끌 휴

흉
凶 흉할 흉
胸 가슴 흉

흑
黑 검을 흑

흡
吸 숨쉴 흡

흥
興 일어날 흥

희
希 바랄 희
稀 드물 희
喜 기쁠 희
戲 놀이 희

부록 교육용 기초한자(1,800자) 겸 한자능력검정시험 3급 배정한자(1,817자)

어휘실력한자

저자소개

임소영

상해 화동사범대학 대외한어학과 대학원(문학박사)
현, 여주대학 관광중국어과 교수
논문 : 박사학위 〈한중성운비교연구韓中聲韻比較研究〉(2003)
　　　기타 汉语语言文字 관련 논문 다수

최동표

연세대학교 중문과 대학원(문학박사)
현, 여주·백석대학 강사
저서: 한자정석(문이재: 2002)
논문 : '귁嘯'자의 훈고학적 고찰(유관순연구: 2005) 등

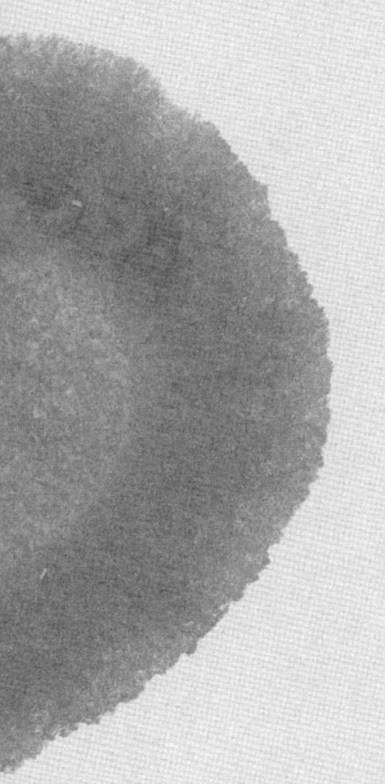

어 휘 실 력 한 자

초 판 인 쇄	2013년 12월 20일
초 판 발 행	2013년 12월 31일
저　　　자	임소영 · 최동표
발 행 인	윤 석 현
발 행 처	제이앤씨
책 임 편 집	최인노 · 김선은
등 록 번 호	제7-220호
우 편 주 소	⑨ 132-702 서울시 도봉구 창동 624-1
	북한산 현대홈시티 102-1106
대 표 전 화	02) 992 / 3253
전　　　송	02) 991 / 1285
홈 페 이 지	http://www.jncbms.co.kr
전 자 우 편	jncbook@hanmail.net

ISBN 978-89-5668-820-6　13720　　　　　　　　정가 10,000원

* 이 책의 내용을 사전 허가 없이 전재하거나 복제할 경우 법적인 제재를
　받게 됨을 알려드립니다.
** 잘못된 책은 구입하신 서점이나 본사에서 교환해 드립니다.